Magische Kirchen in München

Dreiecks-Wege zum Geheimnis

St. Michael – Grablage Ludwig II.
Theatinerkirche – Grablage Max I.
St. Bonifaz – Grablage Ludwig I.

Fritz Fenzl

Magische Kirchen in München

Fritz Fenzl

MAGISCHE KIRCHEN IN MÜNCHEN

Dreiecks-Wege zum Geheimnis
Gute und böse Orte

stiebner

Homepage des Autors für weitere Informationen:
www.magische-kraftorte.de

Die Darstellung auf Vor- und Nachsatz beruht auf einer Skizze des Autors.

Produktion und Layout: Verlagsservice Peter Schneider /
EDV-Fotosatz Huber, Germering

Bibliografische Information Der Deutschen Bibliothek
Die Deutsche Bibliothek verzeichnet diese Publikation in der
Deutschen Nationalbibliografie; dataillierte bibliografische Daten
sind im Internet über http://dnb.ddb.de abrufbar.

www.stiebner.com
Printed in Germany
ISBN 3-8307-1037-2

Inhalt

Zur Einstimmung

»In seinem Haus thront der Herr, uns erwartend, auf dass wir eintreten und ihn um Erbarmen bitten. Denn kein gewöhnliches Haus ist dies, sondern ein Himmel auf Erden, weil der Herr des Himmels hier wohnt. Willst du ihn erforschen, entzieht er sich dir; doch wenn du glaubst, findest du ihn im Tempel.
Auf dass man Ihn auf Erden finden könnte, baute Er sich ein Haus unter den Sterblichen und errichtete einen Altar, damit die Kirche von diesem Tisch ihr Leben empfange. Der Altar von Stein trägt unsere Hoffnung, der reine Priester ruft den Geist herab, das versammelte Volk stimmt ein in das ›Heilig‹ der Engel, der König hört es und lässt Erbarmen verströmen.«
(Aus der Predigt eines syrischen Bischofs anlässlich der Einweihung einer Kirche in der ersten Hälfte des 5. Jahrhunderts)

»In seinem Haus thront der Herr, uns erwartend, auf dass wir eintreten …«

Warum nicht direkt vor der Haustüre mitten in München beim Lieben Gott eintreten; während eines Stadtbummels oder aber eines gewollten Kirchenrundganges, der die Welt hinter der Welt offenbaren soll?

»… Willst du ihn erforschen, entzieht er sich dir; doch wenn du glaubst, findest du ihn im Tempel …«

Bei aller Entdeckerfreude, die in Münchens Kraftort-Kirchen ganz sicher befriedigt und geweckt wird (und dieses Buch wird, wenn sie tatsächlich »hingehen« vielleicht ihr Leben ändern) – ein wenig *Glauben* sollten Sie schon mitbringen!

Der Verfasser

(Diesen wunderbaren Text »Zur Einstimmung« mit der Quellenangabe finden Sie in einem Flyer »Rundgang durch die Theatinerkirche« – er liegt ebenda auf für 0,50 Euro.)

… der Mensch empfindet sich göttlich und irdisch zusammen.

Einleitung

München – Kunst – Kirchenkunst

Kunst wird zur Religion,
Künstlerfürsten …
oder aber:
Glaube ist die schönste Kunst!

– 1 –
Zunächst eine Frage!

Warum haben Sie dieses Buch in die Hand genommen oder gekauft, ausgeliehen ... oder sind Sie soeben – zweifelnd, verwirrt, sehnend oder gar erkennend – am Blättern und wollen einfach mehr wissen?
Worüber? Vielleicht sind Sie, wie Sie sagen würden »kein Mensch des Glaubens«, ja, eher Realist. Aber da ist etwas ... Was nur?

Was ist das für ein geheimes Sehnen in Ihrer Brust, das Sie nicht nur lesen lässt, mutmaßen, ahnen ... Ahnen.
Was für ein Wort. Es sind die Ahnen, es ist Ihre ureigene Vergangenheit, die Sie zu starken Plätzen führt, zu magischen Orten, zu Orten der Kraft, Kultplätzen – kurz: zu Stätten, an denen etwas mit Ihnen (ja: mit Ihnen persönlich!) passiert!

Sie spüren dies eigenartig Unbenennbare, zugleich Dunkle und Lichtdurchwobene; in jeder Kirche spüren Sie das, und dies Unfassbare geht weit, weit über das hinaus, was der Kirchenführer verrät oder was Ihrem Grundwissen über Liturgie, Kirchenbau, vielleicht auch über Münchner Stadtgeschichte entspricht.
Es zieht Sie hin. Es zieht Sie an. Es magnetisiert Sie.

Das ist es. Lassen Sie sich ziehen, lassen Sie sich packen und entdecken Sie die »Welt hinter der Welt«, schulen Sie ein Sehen, das Ihnen vielleicht noch nie in dieser Form begegnet ist.

Aber Ihr Leben verändert sich jetzt, ich warne Sie. Von nun an sehen Sie anders, damit denken Sie anders, und damit leben Sie anders. Ein wenig pathetisch ausgedrückt: Eine kleine Neugeburt steht Ihnen bevor.

– 2 –
War in München Selbstinszenierung immer schon die wahre Religion?

1846 wurde im barocken Jagdschlössl von Neuhausen, nicht weit von der heutigen Winthirkirche und eben da, wo dereinst der heilige Wandermönch Winthir ankam – ausgemergelt von langer Missionsreise, aber hungrig nach Weitergabe des Glaubens an ein Kreuz – und den damaligen Ureinwohnern christliche Manieren beibrachte; hier wurde Karl Haider geboren, der heute wunderbare Preise erzielt und damals, zu seinen Lebzeiten, wundersam dem Impressionismus widerstanden hat.

Von dem herrlichen Neuhausen aus, dort, wo heute noch Winthir-Kirchlein und Winthir-Friedhof zum Verweilen einladen, geistig und körperlich ausgehend vom alten, durch alle Zeitläufte hindurch positiv aufgeladenen ehemaligen Dorf »Niuwenhusir« (jetzt eben Neuhausen) – dort begann einer der großartigen Impulse, die wir heute »Wirkung der iroschottischen Wandermission« nennen.

Es begann sich das frühe Christentum mit der vorhandenen heidnisch-keltisch-germanischen Urreligion (unserer Ahnen!) zu mischen. Und wenn Sie denken, das Christentum hätte gesiegt ... aber lesen Sie weiter, begehen Sie die Orte der Kraft – und staunen Sie nur noch.
An *was* glauben wir eigentlich!

Sowohl zeitlich wie historisch werden wir uns von hier aus nach vorne und zurück begeben, Zeit überspringend in jeder Richtung; Zeitschienen-gleitend, in und außerhalb der Zeit werden wir spirituell surfen – und auch räumlich vollkommen ungebunden.

Mehr noch: Raum und Zeit werden wir kühn verlassen und in den Zeitentunnel, damit die vierte Dimension – die wahre Dimension der Real-Phantasie – eintauchen.

– 3 –
Eintauchen in Zeitentunnel und den Sog magischer Plätze!

Vor und zurück also: In diesem Falle vor allem »zurück«, denn die wahren Kraftort-Kirchen Münchens stehen allesamt auf ausgewählten Plätzen (magischen Orten, Kraftorten, wie immer Sie's benennen wollen) , Wirkplätzen, die nicht nur ins hohe, gar frühe Mittelalter zurückverfolgbar sind, sondern vorher schon, zumeist in keltischem, germanischem Umfelde, von damaligen Priestern, von Wissenden, Sehern, Seherinnen, von Druiden und Druidinnen als heilige Orte benannt wurden. Und das ganz zurecht. Beredtes Zeugnis ist das Petersbergl mit der energetisch schier unglaublichen Peterskirche (siehe dort).

Jedoch hat es die Moderne nicht weniger in sich: Steht doch in Neuhausen der spektakuläre Neubau der Herz-Jesu-Kirche, der nach dem verheerenden Brand des Vorgängerbaues am 26. November 1994 errichtet wurde.
Und sowohl das alte, von himmelhohen Flammen vernichtete Gotteshaus mit dem berüchtigten Gebälk aus Hitlers Mannschafts-Kino auf dem Obersalzberg (!) – als auch der Tempelorientierte Neubau, ein Kubus mit gewollt nichtchristlicher Energie-«Form«, der eher an den »behauenen Stein« der Logensymbolik erinnert, gaben und geben dem Besucher seltsam bohrende Rätsel mit auf den Weg: spirituelle Aufgaben, die zu lösen das vorliegende Buch Weg-Weiser sein will.

Und was hat es damit auf sich, dass den legendären Stadtpfarrer Fritz Betzwieser der Dalai Lama persönlich besucht hat! (Jetzt, während der Zeit des Schreibens an diesem Buch wieder aktuell geworden um den lächerlichen Streit: soll man die Dalai Lama Plakette neben der Ratzinger-Plakette installieren ... und wo?)

Ich selber habe mir vor Jahren vom inzwischen verstorbenen Pfarrer Betzwieser die Fotos mit dem spirituellen Führer einer so ganz anderen Geisteswelt zeigen lassen – zusammen mit vielen Katzen auf den Fotos: Denn der Neuhausener Pfarrer war nicht nur wegen seines undurchschaubaren Interesses an Tibet, sondern auch der Katzen wegen berühmt.

– 4 –
Welt hinter der Welt

Wir wollen bei diesem Magischen Münchner Kirchenfüher lernen, die »Welt hinter der Welt« zu erspüren, zu ahnen – und zu sehen!
Apropos »Welt hinter der Welt«:
»Wie bitte? Bayern und Tibet ...?«, so fragen mich bei meinen zahlreichen Kraftort-Führungen erstaunt die Teilnehmer. Ich sage dann zumeist nichts Weiteres. Aber Sie, lieber Leser der »Magischen Kirchen Münchens«, werden vielleicht auf ein tieferes Geheimnis stoßen. Nicht zuletzt dann, wenn Sie den Neuhausener Herz-Jesu-Kubus hinter sich gebracht haben und vielleicht denken: »Soll das eine Kirche sein?«.
Ihre Intuition hat durchaus Recht! Nicht umsonst ist in München so viel möglich gewesen ... und ist immer noch möglich. Vielleicht der Föhn? Die Hochland-Lage? Wie gesagt: Bayern und Tibet und speziell das Allgäu ... auch wir sind ein Hochland, mit allen Folgen.
(Näheres zu den Führungen, siehe homepage www.magische-kraftorte.de. Dort unter »Termine« anklicken.)

– 5 –
Alte Energien, älter als das Christentum ...! Und die Denk-Richtung muss stimmen.

Es ist nicht nur so, dass die alte vorchristliche Energie heute noch wirkt, es ist viel mehr: In unseren Tagen werden alte Kultorte durch ein neu erwachtes, uraltes Bewusstsein neu aktiviert.

Magische Orte wirken, also Vorsicht. Und wissend gebaute Kirchen auf magischen Orten, die wirken zweimal. (Siehe auch das Kapitel »Wie wirkt ein Kraftort?«)

Teufelstritt-Energie!
Wenn Sie zu den in den folgenden Seiten beschriebenen Plätzen hingehen und die (heute allesamt christlich geprägten) spirituellen Lokalitäten aufsuchen, dann haben Sie ein konkretes transformierendes Erlebnis.
Mit Ihnen passiert etwas, etwas Transformierendes, Veränderndes, Erweiterndes.

Das macht gewisse Bücher und den Besuch dieser Orte so reizvoll.
Sollten Sie nicht wissen, wo anfangen: vielleicht das Petersbergl mitsamt dem legendären Alten Peter? Und, wie gesagt: Vorsicht! Das alles ist nicht so harmlos, gemütlich und »altMünchnerisch«, wie es sich vordergründig gibt. Es ist uraltes Wissen um magische Orte, und diese können helfen, heilen, aber auch vernichten.

– 6 –
Zufälle? – Kaum

Kirchen stehen nie zufällig da, wo sie stehen, alte katholische Kirchen schon zweimal nicht. Und manchmal ist der magische Ort der Kirchengründung gar für die Stadtgründung mit verantwortlich. Doch davon später mehr.

Weil hier in Vor-Neuhausen Winthir, der Wanderprediger, eine Klause gründete – nicht allzu weit entfernt von der magischen Achse zum späteren Nymphenburg, wo dann das wundersame Schloss wachsen wird, das damals wie heute Menschen in den Bann zieht und die seltsame Magdalenenklause hervorbringen soll, – wollen wir uns (von dem gewählten geistigen Standpunkt: Künstlerstadt München kurz vor der Wende um 1900 herum) einmal anschauen, welche Welt-Stadt München war.

Und eben nicht von Bogenhausen aus – samt der Stuckvilla und dem Hildebrandhaus; auch dem St. Georgskircherl mit dem magischen Künstlerfriedhof – nicht von Osten, sondern von Westen aus werden wir uns hineindenken. Warum – darauf sollen Sie dann selber kommen.
Schauen Sie sich einen Stadtplan an oder den Plan dieses Buches und »gehen« Sie stets von Nymphenburg aus.
Oder, wenn Sie einmal in der Stadt sind, immer mit der *Michaelskirche* als Zentrum. Warum, dies werden Ihnen all die folgenden Zeilen (und das, was dazwischen gemeint ist) erschließen.

Aber nun zurück zum Kunst- und Künstlerfürsten-München und zurück zu der Frage, welche Religion denn hier dominiert:

– 7 –
Als München wirklich Weltstadt war.
(Und nicht nur als solche bezeichnet wurde wegen des Fremdenverkehrs)

Fangen wir nochmals so an: Damals, als München Weltstadt war …
War, nicht ist! Noch 1930, als die traumverlorene, weltbeeinflussende Kunst-ist-München-Ära längst vergangen und die Zeiten, wie eine Chronik festhält, »sauer« geworden sind, haben in München noch 3000 bildende Künstler gewohnt. Immerhin ein Drittel aller damals in Deutschland lebenden Kunstschaffenden!

19. und 20. Jahrhundert: Gottfried Keller, Paul Heyse bis zu Thomas Mann ... München selbst als bevorzugter Schauplatz von Künstlerromanen und Künstlernovellen. Dann weilte hier (und am Starnberger See bei Ammerland) der Malerpoet Pocci ... und viele, viele mehr.
Namen wie Kobell, Stieler, Thiersch, Zumbsch, Schwind, der ein Freund Schuberts war, Lachner, Mörike, Kaulbach, List ... in einer von Gärtner oder Schwanthaler längst vorgeprägten

Magie des Daseins und Erschaffens! Überprüfen Sie einmal, wenn Sie an Schwanthaler denken, die Orts-Magie der Bavaria und ihrer Umgebung! Oder die Burg Schwaneck bei Pullach am Isarhochufer. – Schwaneck, Ort zahlreicher Ritterfeste, übrigens mit einer nennenswerten, bis heute erhaltenen Kapelle. Denn Raum für den geistigen Rückzug gehört zu jeder Burg.

– 8 –
Künstlerfürsten: Die Päpste und Kardinäle des damaligen Life-Style!

Die soziale Stellung eines Künstlers oder gar Künstlerfürsten schwang sich in nie gekannte Höhen:
Längst war alles geprägt durch Geistesherrscher – auch religiöse Denkfürsten! – wie Thiersch, Schelling, Görres, Döllinger, Pettenkofer ...
Und dann diese grandiosen Künstlerfürsten um 1900, oh hätte ich gerne einen von ihnen kennengelernt (ich kenne nur Nachfahren, weil ich Allotrianer bin und verrückt auf Bilder aus dieser Zeit):
Kaulbach, Piloty, Lenbach und Stuck, sie erschienen als wahre Künstlerfürsten, den Raum und die Zeit beherrschend, vor allem die Puppen tanzen lassend.
»Man könnte eine eigene Kulturgeschichte der Münchner Künstlerhäuser entwickeln ...«, schreibt Norbert Lieb in dem Klassiker des Jahres 1952 »München. Lebensbild einer Stadtkultur«, München 1952, S.174. – Und Recht hat er.

Es reizt mich, an genau dieser Stelle die »Allotria« zu erwähnen, jene legendäre Künstlergesellschaft, die bis heute hoch aktiv und immer schon über die Grenzen räumlich – und mehr noch geistig – weit hinausragend war, ist, sein wird. Sie schuf sich durch Lenbachs Initiative einen *profanen Sakralraum,* das Künstlerhaus, in dem Kunst mit eigenen Liturgien zelebriert wurde ... mit der Kirche allerdings hatten die frechen Freigeister nichts am Hut.
»Die berühmteste Gesellschaft war die 1873 von Gedon, Seidl

und dem Maler Rudolf Seitz gegründete »Allotria«. Gabriel Seidl war der Baumeister, Lenbach der wichtigste Förderer des 1893–1901 errichteten »Künstlerhauses«, das in seiner Lage und Außenerscheinung wie in seiner Ausstattung die ganze Höhe Münchner Künstlerlebens an der Jahrhundertwende repräsentierte.« (Lieb: München. Lebensbild einer Stadtkultur, a.a.O., S.177/178)

Lenbach! Seine Gestalt mutet tizianisch an. Sogar Bismarck suchte ihn auf und den damaligen Papst hat er malen dürfen. Den Papst!

Betrachten Sie nun auf dem Stadtplan die kühne Lage des Künstlerhauses (Lenbachplatz) im geometrischen Schnitt-Zentrum eines gleichseitigen, pyramidenspitzen Dreiecks mit St. Bonifaz an der Spitze (siehe dort), der Herzogspitalkirche und St. Michael (siehe da) die Basis bildend.
Siehe auch unter: »Lauter Dreiecke, Dreifaltigkeiten, dreifaches Wissen in Einem!«

– 9 –

Liturgie (Selbst-Inszenierung) und Kunst gehören zusammen, in München sowieso.

Schon ist er wieder da, der uralte Bezug: Kunst – Genie – Inszenierung – Liturgie – Kirche – magischer Ort, – und München, die magische Föhnstadt, die am klassischen magischen Kraftort, dem Petersbergl nämlich, ihren kometengleichen Anfang und Aufstieg quer durch viele Jahrhunderte nahm: Denn Münchens Künstlerfürsten waren Weltmeister im Sich-Selber-Inszenieren am bewusst gewählten Kraftplatz. Denken Sie jetzt nur an die Lenbach- und die Stuckvilla und deren fast unverschämt wissend gewählte Standorte! (Für den, der's weiß.)

Und die Kirche war immer schon weg-weisend in der »Kunst« der Selbstinszenierung – und dazu gehört, quasi als Grundübung, die rechte Wahl des magischen Ortes.

Sonst allerdings, wie gesagt, hatte die freigeistige Allotria mit der Kirche nichts zu schaffen, denn man dachte hier alles andere als dogmatisch. Erinnern Sie sich nur an Wilhelm Busch (ebenfalls Allotrianer!) und seinen beißenden Spott auf alles Klerikale!

Es gibt ein neueres Foto, auf dem sich Andy Warhol und Joseph Beuys ehrfürchtig vor das berühmte Familienporträt von Lenbach stellen, um mit diesem Künstler-Magier posthum auf einer Stufe zu stehen. Lenbach, der handwerkliche Könner (Kunst kommt von Können, nicht von Wollen) – und der schier hemmungslose Selbstdarsteller. Und was haben wir heute: Selbstdarsteller genug ... aber auf welchem Niveau? Event-Kasperl ... Eintagsfliegen des postmodernen Münchentums.

Aber die Kraft (heutiger Sprachgebrauch: die power) ist viel, viel älter.
Warum dieser Ausflug zu den selbsternannten und dann auch so behandelten Kunstgöttern: Sie wären ohne die klerikale Selbstinszenierungs-Genialität, die an der Isar immer schon selbstverständlich war, gar nicht vorstellbar geworden.

Kunst lebt von der Liturgie.
Und Liturgie ist eine Kunst.

– 10 –
Auch Kirchenbau ist Inszenierung – in Bayern und München allemal!

Wenden wir uns also dem standfesten Gegenteil des Vergänglichen zu, das ist der
Glaube und dessen steingewordene Materialisation: Der Bau der Kirche, der Kirchenbau. In München, selbstredend, ein Kapitel für sich.
Denn auf den Standpunkt kommt es an, immer! Und keine Kirche steht zufällig da, wo sie steht. Eine alte Kirche nie.

Stellen Sie sich aber jetzt bitte nicht auf einen »Münchner Kunst- und Kirchenführer« ein, der Ihnen akribisch beschreibt, wann die letzte Renovierung einer Kirche, die Sie heute besuchen wollen, abgeschlossen wurde und warum und wie.
Sensationelle Erkenntnisse bietet übrigens das soeben frei gegebene Foto-Archiv vom Zentralinstitut für Kunstgeschichte (»Adolfs Diasammlung«) von insgesamt 40.000 Farbfotos, darunter die Münchner Kirchen vor (!) der Zerstörung. Siehe Abendzeitung München vom 20. Okt. 2005, S. 12 und im Internet unter www.zi.fotothek.org.

Fakten werden natürlich eingehalten (keine Angst: ich habe neben Germanistik und katholischer Theologie Kunstgeschichte und Geschichte studiert und mich bis zum Doktortitel durch unzählige langweilige Bücher durchgelesen ...), aber vielleicht gerade deshalb schmerzlich und freudig zugleich die Erfahrung gemacht:
Nichts ist, wie es zu sein »scheint«. Das Wesentliche ist sichtlich unsichtbar. Also lernen wir sehen.
Die »Welt hinter der Welt ...«, das ist das wahre Interessante!

– 11 –

Und nochmals, damit es sitzt:
Die Welt hinter der Welt!

Es gibt eine Welt hinter der Welt.
Und genau auf diese kommt es an!

Denn die sichtbare, nachlesbare und nimmermüde herunter-erklärbare Wirklichkeit (»... nun wurde bei der Renovierung von Maria Geburt in Pasing das alte gotische Eingangsportal original wiederhergestellt ...«), diese altbekannte Kirchenführer-Wirklichkeit gibt keineswegs das wieder, was der Besucher sinnlich und übersinnlich erfahren kann.

Wie anders klingen und wirken diese Zeilen: »Der gesamte Erdboden ist von einem magnetischen Feld überzogen, in dem sich positive und negative Felder, schachbrettartig (!) aneinandergereiht, abwechseln. Die Spitzen dieser Feldquadrate schauen nach den Himmelsrichtungen. Im Mittelpunkt liegt jeweils der positive bzw. negative Pol. Die Quadratseite dieser Felder bemißt sich in unseren Breiten auf 15,90 m ...«

Aus: P. Frumentius Renner: Raumakustik und Erdkraftfeld. (= Sonderdruck aus der »Zeitschrift für Radiästhesie«, München 1961, S.35ff.) – Wie alle wirklich interessanten Schriften: Nicht mehr zu haben. Eine wissende Freundin hat mir das zerbrechliche Druckwerk zukommen lassen.

Bleiben wir, als »westlicher Einstieg«, bei dem herrlichen Beispiel Maria Geburt in Pasing, direkt neben der sagenumwobenen Würminsel.

– 12 –
Kraftortgedanken-Exerzitien auf der alten Würminsel.

Bis zur 1993 begonnenen Renovierung war statt des spitzbogen-typischen gotischen Portals ein hölzerner Windfang an eben der Stelle. Und wie hat der Mesner bei einem tiefgreifenden Gespräch mit mir kommentiert: »Früher hat koaner der Hochzeitsgäste im Reg´n steh miassn ... aber jetzt is' oiss so bläd wia nia, aber kunstgeschichtlich exakt ham's es g'macht ... und alle wern ma patschnass ...«
(Lesen Sie bitte auch nach im entsprechenden Text »Maria Geburt, Pasing«)

Genau das ist es. Und noch viel mehr: Welche Kraft wirkt auf dem magischen Areal vor dem Portal? Warum fühlt sich gerade hier jedermann so wohl und gehoben? Ist es die Kraft des Ortes oder die beruhigende Energie der Würmschleife, die hier solch zauberhafte Stimmung hervorruft, mehr noch, hervor ... zaubert!
Nicht umsonst spielen viele der wundersamen Pasing-Sagen hier ganz in der Nähe und immer im Würmtal: Wenn das Jahr sich neigt und erste Nebel mit unwirklicher Schwerelosigkeit über den Wiesen hängen, dann beginnen der Geist, die Phantasie und das Unbewusste zu arbeiten. Jetzt tanzen Feen,

Elfen, Zauberinnen ihren magischen Tanz neben den Wassern des Flusses, der die uralte starke Energie der Würm-Eiszeit (Grab der Seherin bei Leutstetten, die ständig zunehmende Kraft der Drei Beten) bis nach Pasing trägt.
Kelten-Energie.

– 13 –
Und das Ahnengedächtnis öffnet sich!

Und so mischt sich auf wundersame Weise die Kraft des Ortes mit dem schlummernden, aber ununterbrochen aktivierten Wissen unserer Ahnen; verwebt sich mit christlichen Ideen – und setzt immer den Geist frei.
Daher der Name Geistergeschichte.
Denn der Geist ist in uns, in unseren Köpfen. Freuen Sie sich: Der vorliegende Gang durch die wichtigsten Kirchen Münchens auf »Magischen Plätzen« – ist Geistergeschichte pur.

Und ein Gang durch Münchens Kirchen bleibt immer mit dem Öffnen des großen wunderbaren, zugleich hellen und dunklen magischen Tores verbunden: Das Ahnengedächtnis! Das Tor hin zu den Ahnen, zu denen, die vor uns waren und die wir heute sind.

Wir begegnen in der Kirche nicht nur Gott, sondern uns selbst, der langen Reihe derer, die vor uns waren; unserer ureigenen, so eigenartig totgeschwiegenen Geschichte und damit Gott – der sich in unseren Empfindungen und Ahnungen offenbart.

Magischer Ort – Kraftplatz – Ort der Kraft ...

Was ist das eigentlich? oder: wie und warum spüre ich hier etwas?

– 1 –

Magische Orte sind vorchristlich und nichts ist Zufall.

Lesen Sie noch einmal nach im Vorwort: Kraftort-Kirchen Münchens stehen allesamt auf ausgewählten Plätzen. Solche Plätze werden in der Regel nicht nur seit Jahrhunderten, sondern seit Jahrtausenden von den Vorfahren, den Ahnen, in besonderen Ehren gehalten.

Und die transformierende Wirkung, die Sie dort spüren können – und die jeder Beter bewusst oder unbewusst »mitnimmt« –, diese Wirkung kommt nicht von ungefähr.
Zufälle gibt es da nicht.
Namen und Benennungen für solch besondere Stellen mit religiöser, spiritueller, mentaler – auch rein körperlich verändernder – Kraft und Wirkung sind recht verschieden, je nach Intention.

Magischer Ort – Kraftort – Wunderplatz (denn an solchen Orten können, wie in den meisten hochenergetisierten Kirchen und Kapellen quer übers Land, Wunder geschehen). Was ist das, Wunder? Veränderung. Eben.

Es würde hier zu weit führen, über die Kraft und sehr reale Wirksamkeit, eben jene zauberhaft verklärte »übernatürliche Wirklichkeit«, des Wunders zu referieren. Ich habe der Thematik ein eigenes Buch gewidmet (Wunder in Bayern, München 1998) und möchte mich nicht wiederholen. Soviel nur:

Wunder sind möglich – aber niemals abrufbar oder erzwingbar. Sie sind Geschenk, letztlich Gnade. Und an besonderen Orten, da, wo die »Wunderbereitschaft« wächst, steigt auch die Anzahl möglicher Wunder, wie etwa Erhörungen, Spontanheilungen. Die großen Wunderorte der Welt bestätigen dies.
Bekanntestes bayerisches Beispiel: Altötting, Gnadenkapelle; wohl bekanntester Münchner Erhörungs-, Gnaden- und Wunderort: Bürgersaalkirche, Berührungsbüste des Paters Rupert Mayer (siehe dort).

Alle diese Plätze sind sehr alt (Beispiel: Kirche von Fröttmaning, Petersbergl) und zumeist lange vor der christlichen Tradition entdeckt und aktiviert worden. In der Regel handelt es sich um von keltischen Sehern erschlossene Kultplätze, die dann während der Missionierung durch iroschottische Wandermönche (wie Winthir in Neuhausen) »verchristlicht« wurden.
Machen Sie sich dies immer und immer wieder klar.
Dies alles geschah teils friedlich, teils mit eichen- und menschenfällender Gewalt. Die Lehrmeinungen gehen da allerdings weit auseinander.

Magische Plätze sind Stellen auf der Erde mit besonderer Aufladung. Dies hängt zusammen mit dem magnetischen Gitternetz der Erde und dem Spannungsfeld zwischen den Polen (die sich allerdings gegenwärtig unruhig verhalten). Beständig sind Verschiebungen des weltumspannenden Gitternetzes möglich, so dass die durch unsere Vorfahren als wirkende Orte erkannten Stätten heute geringfügig »verschoben« sein können.

– 2 –
Wasseradern und das Gitternetz

Dann die Kraft des Wassers! Oft stehen magische Orte mit Quellen oder unterirdischen Adern in direktem Zusammenhang; in Bayern sowieso, aber auch in München (Würminsel etwa).

Eine faszinierende Entdeckung: Kraftorte liegen zumeist im Schnittpunkt des gesamtbayerischen Kraftlinien-Gitternetzes, das, auf der Karte Bayerns eingezeichnet, die *Raute* ergibt. Die Raute als Herrschaftszeichen!
Zentraler Schnittpunkt einer solchen Gitternetzkreuzung (Mathematiker sagen: Höhenschnittpunkt) – ist der Liebfrauendom.

Magische Orte liegen somit wie Perlen gereiht auf geraden Linien, die manchmal Schlangenlinie genannt werden oder Drachenpfad; daneben auch taucht die Bezeichnung Leyline auf, seltener »Wachstumslinie«. Aber auch die Benennung »Drittes Gitter« ist zu finden.
Eine solche Hauptlinie verläuft direkt vom Liebfrauendom über den Wirk-Ort der »Drei Jungfrauen von Leutstetten« (Mühltal), dann Andechs, Raisting, Wessobrunn ... bis Füssen mit der Gralsburg Neuschwanstein.

Wenn Sie in der Innenstadt auf solch einer »Drachenlinie« stehen wollen und wahre Drachenkraft (Erdkraft) spüren, dann stellen Sie sich auf den Marienplatz, Blick nach Norden, also auf die Rathaus-Fassade zu. Stehen Sie aber links vom Rathaus, etwa da, wo die Freiluft-Sitzplätze des »Donisl« beginnen.
Spüren Sie etwas? Wenn ja, dann haben Sie das gewisse Gefühl, neudeutsch: Feeling. Ein Ziehen in den Gliedern, eine schwer zu beschreibende innere Aufladung, letztlich Kraftzuwachs!
Nun schauen Sie das Rathaus-Eck an, was erblicken Sie mit staunend-erschrockenem Auge direkt über dem Eingang zum Sport Münzinger? Tatsächlich: ein wahres Mordstrumm Drache mit drei Metern Flügelspannweite kriecht da über dem Eingangsportal die Fassade nach oben.
Vielleicht ist dies ein entscheidender Moment in Ihrem neuen Leben mit dem Bewusstwerden magischer Orte: Nichts ist zufällig! Und die Welt offenbart sich dem Sehenden (dem, der die Augen aufmacht) voller deutlicher Zeichen. Man muss sie nur sehen.

Manche Sensitive sehen die magischen Orte auch im Zusammenspiel mit der Sonnen- und Mond-Energie und deren umlaufbedingten Gezeiten.
Wenn Sie dies hochinteressante und lebensändernde, seelentransformierende Wissen vertiefen wollen, lesen Sie bitte nach in »Magische Orte in Bayern«, »Wunderwege in Bayern«, »Der bayerische Jakobsweg«.

– 3 –
Energetische Aufladung durch Besucher

Vielleicht eines noch: Zur natürlich oder übernatürlich gegebenen Kraft des besonderen Ortes kommt, bei Kirchen und allen anderen Kultstätten gleichermaßen, die »Aufladung« durch regelmäßige Besucher und beständige Kulthandlungen und Rituale. In Kirchen also die Heilige Messe und deren Verlaufsregelwerk. So werden Plätze, Räume und Stätten und Heilige Bildnisse geradezu »hochgebetet«.
Vor allem in der griechisch-orthodox genutzten, backsteingotischen Salvatorkirche können Sie dies er-spüren wie kaum sonstwo! (siehe dort).

Nochmals Beispiel Marienplatz: Durchaus schlechte Energien, »niedergebetet« durch einen unkontrollierbaren, energetisch diffusen Menschenhaufen tagtäglich. Ausnahme: Dracheneck (siehe etwas weiter vorne im Text) – und die wundersame Mariensäule mit goldener Madonna. Beide Punkte wirken wie reinigende Inseln. Nun überlegen Sie selbst:
Warum?

– 4 –
Die neue (neu-heidnische?) Kraftort-»Bewegung«

Warum dieses neue Interesse an Orten der Kraft, auch in christlichen Reihen?
Die Bibel selbst ist ein akribisches Lehrbuch, was wann – und vor allem: *wo* geschehen soll.
Vor allem: *Wo* ?
Heilige Nacht, Golgatha, Tempelbau, Bergpredigt, »Gelobtes Land« (positiv), Herodesburg (sehr negativ); dann jener berühmte »Heilige Bezirk«, den Moses betritt, wenn er seinem Gott ganz nahe kommt …
Immer wieder spielt der Ort oder das Hinkommen die spirituell tragende Rolle.
In unseren Tagen werden alte Kultorte durch ein neu erwachtes, uraltes Bewusstsein neu aktiviert.
Magische Orte wirken spür- und nachweisbar, greifen ein ins Leben des Besuchers, also Vorsicht. Und wissend gebaute Kirchen auf magischen Orten, die wirken *zweifach*.
Der Teufelstritt ist nicht nur Sage. Gehen Sie hin und probieren Sie es aus. Schon der Entschluss, mehr noch das Hingehen, bewirken etwas ganz im Sinne des … lesen Sie nach unter »Liebfauendom«.

Nochmals der leitmotivische Gedanke, nein, das Versprechen aus dem Vorwort: Mit Ihnen, lieber Leser, *passiert* etwas. Und, erinnern Sie sich:

Kirchen stehen nie zufällig da, wo sie stehen, alte katholische Kirchen schon zweimal nicht.
Religion und nicht nur Religion, auch das vertiefte Interesse an Kirchenbaukunst, werden so sinnlich (!) erfahrbar. Letztlich wortwörtlich übersinnlich.

Und alles Sinnliche besitzt großen Reiz, finden Sie nicht auch?

Einige Anleitungen für den Kraftort-Freund zum richtigen Begehen einer Kirche

Warum in einem Gotteshaus selten der Zufall regiert

– 1 –
Der Standpunkt entscheidet: körperlich/materiell ... aber auch geistig.

Keine Kirche steht zufällig da, wo sie steht. Alte Kirchen (zumeist echte Basiliken, romanische und gotische Sakralbauten) schon gar nicht. Denn der Ort ist entscheidend, auf dem Land sowieso. Zumeist war dort, wo Sie heute die angestrebte Kirche finden, ein wesentlich älterer Kultort, zumeist ein keltischer Versammlungs- oder Kultplatz (Thingplatz). So sind diese Orte, oberflächlich betrachtet, »schön« (der berühmte Postkartenblick nimmt Sie gefangen), denn magische Orte – und alte Kirchen stehen stets auf magischen Orten, man redet dann aber lieber von Wunderorten –, sie stellen zugleich Überlebensplätze dar, sind genial und strategisch unübertrefflich auf Anhöhen positioniert, selten in Tälern gelegen, sind durch die bevorzugte Lage hochwassergeschützt und zeigen eine auffallend hervorgehobene Stellung im Gitternetz der Erdlinien.

Diese Kirchen-Plätze verschaffen im wörtlichen Sinne »den Überblick«, Sie als suchender Pilger sehen hier nicht nur den weißblauen Föhnhimmel panorama-selig Gottes Erdenwelt überspannen, Sie sehen auch etwaige Feinde schneller kommen. – So sind magische Orte und heutige Kirchenplätze auch irgendwie »praktisch«.

Versetzen Sie sich einfach einmal in eine Zeit, da »Fernwaffen« lediglich aus Pfeil und Bogen, aus Lanzen und verschiedenen Wurfgeschossen bestanden (was für den gesamten langen Zeitraum der keltischen Kultur gilt): Sie müssen also gefährlich nahe an den zu Erobernden herankommen und dürfen nicht gesehen werden – oder wenigstens möglichst spät.

Nun stellen Sie sich auf den typischen bayerischen – auch Münchnerischen – Kirchenhügel und denken strategisch: tatsächlich, die meisten Kirchen- und Kraftort-Plätze sind ideale Beobachtungsstätten.
Sie haben den Überblick!
Und den haben Sie bei einer Kraftort-Kirche heute noch und immer, zumindest geistig!

Kirchenplätze bedeuten aber auch immer »Sender«-Plätze oder »Empfänger«-Stationen: Treten Sie mit der nächsten Kirche, die in Sichtweite ist, in energetischen Kontakt: Es funktioniert. Auch in der Stadt, in der Sie die nächste Kirche nicht immer sehen können. Dann spüren Sie den Nachbar-Sender. Das Spiel fasziniert – und trainiert die Sinne.

Eine typische, dickwandige, burgähnliche Kirche irgendwo im Oberland – man spricht ja auch von der Gottesburg –, wie sie den Hügel mit der so eigenartig belebenden und lockenden Wirkung dominiert und überhöht, sie ist heute mehr denn je ein strategischer Punkt – für Sie, lieber Leser, für Sie persönlich:
Sie erhalten den Überblick über Ihr Leben, über die Strategie ihrer individuellen geistigen Lebensführung.

– 2 –
Rundgang außen

Begehen Sie das Terrain der Kirche sehr bewusst, bevor Sie eintreten. Zumeist wirkt »die Kraft« außen mehr denn innen, ein unerklärliches Phänomen, das ich immer wieder feststellen musste.

Immer führt der Weg zum und ins Gotteshaus über das »abladende«, das erdende Areal, den Gottesacker, den Totengarten. Lassen Sie hier, was Sie bedrückt, begraben Sie es!

Spüren Sie die Abstrahlung der Seitenwände: Sie ist immer wieder anders und wechselt Meter für Meter.
Der Platz an der Apsis, also auf der Altarseite im Osten: Energien der aufgehenden Sonne, Orient-Kraft ... wissen Sie nun, woher das Wort »Orient-ierung« kommt?

Und dann das Portal, die Tür, die Pforte: Zumeist spiegelt der Eingangsbereich die Schlüssel-Energien des Inneren wieder, und sei es nur in einem Symbol. Lassen Sie die von wissenden und eingeweihten Baumeistern beabsichtigte Transformation zu!

Und nun – treten Sie ein.

– 3 –
Innenwelt der Kirche: Sie begreifen das Wort »Rundgang« neu!

Machen Sie es nicht dem Großteil der Touristen nach, die mit der überall sichtbaren Mischung aus Ratlosigkeit, Zeitdruck und Unbeholfenheit in den Gotteshäusern der Welt für Unruhe sorgen – und tun Sie es auch nicht den so sichtlich wissenden Kirchen- und Kunstkennern nach, die souverän Worte wie »Jochbogen« oder »Ikonografischer Konsens« aussprechen. Gehen Sie nie in eine Kirche ohne ...
a) tiefen Respekt vor dem Numinosen, dem Ewigen, der Höheren Macht hinter allem (Sie können ruhig *Gott* sagen zu dieser Macht im Hintergrund, das erleichtert die Definition) und ...
b) einer sehr bewussten Bereitschaft und Neugierde, genau das zu sehen, was sonst keiner sieht (zumeist ist dies Unsichtbare besonders sichtbar!); vor allem aber ...
c) einem fühlenden Suchen nach bewusst aktivierten Orten im Gotteshaus, nach Stellen mit besonderer Beeinflussung der Psyche und des Erlebens. Die Gründe für solch geheimnisvolle Wirkung können bei Erdverwerfungen tief unter dem Marmorboden liegen, bei unsichtbaren Wasseradern, auch am Bau selber oder der Ausstattung, Ausrichtung und Magneti-

sierung der Steinquader – und schließlich findet sich ein Grund für innere Transformation oft bei den bewusst angebrachten Bildnissen und Symbolen im Raum.
Und dann erst Geometrie und Raumklang! – Doch davon gleich mehr.

Laden Sie sich ab nach dem Eintreten, zumeist gelingt dies im hinteren Bereich unter der Orgel, der »Teufelstritt«-Stelle. Begehen Sie nun die ebenfalls abladende, aufnehmende, die weibliche Seite links (bei Blickrichtung zum Altar). Dann, im Altarbereich, lassen sie Neues zu, Stärkendes, Belebendes, das Leben selbst.
Hier finden Sie ... Gott.

Gehen Sie gestärkt an der männlichen Seite, dem rechten Seitenschiff, zurück.

Eine kleine Einweihung fand soeben beim geistigen oder körperlichen Rundgang statt, oder salopp gesagt: Sie haben die Sitzung beim Seelenarzt gespart.
Mehr noch, Sie haben das Beste für die Seele getan, was Menschen je zu diesem Zwecke ersannen.

– 4 –
Geheimnis hinter dem Geheimnis: Raum-Klang gibt Geometrie – und Geometrische Form ergibt Klang, Schwingung, Manipulation!

Sie müssen stets, wenn Sie das »Geheimnis hinter dem Geheimnis« suchen, an folgendes denken (oder diese Gedanken wenigstens staunend zulassen):

Schöpfungs-Energie wird, wie auch immer dies geschehen mag, »hinuntergezogen« in den sichtbaren, begehbaren, erlebbaren Bereich, den wir als die Welt erfahren, in der wir leben. Nun gibt es viele Hinweise »nach oben«: die Religionen der Welt tun nichts anderes, als dies zu erklären – oder aber auch genial zu verbergen!

Einen ganz fundamentalen Hinweis auf Geheimnisse der Schöpfung finden Sie in der *Geometrie* – und in der Akustik, dem Wissen von Klang und *Schwingung*.
Pater Frumentius Renner, der geniale Benediktiner, hat stets in Schrift und Wort auf die Bedeutung des Raumklanges und der Erdgegebenheiten hingewiesen (siehe auch im vorliegenden Band unter »Bürgersaalkirche« und vor allem in der längst vergriffenen Schrift: P. Frumentius Renner: Raumakustik und Erdkraftfeld. (= Sonderdruck aus der »Zeitschrift für Radiästhesie«. München 1961, insbes. S. 9ff).

Klang und Geometrie!
Diese stehen in direktem Zusammenhang. Denn Schwingung erzeugt Geometrie und (jetzt wird es wichtig!) – Geometrie erzeugt Schwingung!
Sie kennen den Versuch, wenn Sie feine Partikel auf ein Blech oder gar auf eine Trommel oder ein Tambourin legen, und durch Geräusche oder Klopfen den Schwingungskörper (sounding board) zum Schwingen bringen: Es entsteht stets ein geometrisches Muster.
(siehe dazu auch die Arbeit von Gregg Braden: »Materie: das kristallisierte Licht«. In: Gregg Braden: Das Erwachen der neuen Erde. Freiburg 1999, S. 112 ff.)
Dies Muster bildet die Schwingung symbolisch ab, in der Ursprache der Schöpfung.
Und nun wird Ihnen klar, dass »es« auch umgekehrt funktioniert. Ein geometrischer Körper (Symbol, Kirchenraum, ebenso Keltenschanze, Steinkreis etc.) erzeugt Schwingung, Leben und vor allem Klang.
Leben ist Resonanz.

So, nun darf ich Sie, lieber Leser, mit gutem Gewissen alleinlassen mit dem, was in Ihrem Kopf entstehen mag.
Aber Vorsicht: Nun wissen Sie, dass in jeder Kirche (und nicht nur in Kirchen) durch wissend und sehr, sehr manipulativ gesetzte Geometrie und Raumproportionalität *Schwingung* entsteht und damit der Mensch, so wie alles Leben, beeinflusst wird. Sagen wir ruhig: manipuliert ...
Viel Vergnügen.

Lesen Sie jetzt – oder nach dem Besuch der ersten Kirchen der Innenstadt – im Nachwort unter »Magische Dreiecke Münchens«!

»Neueste Experimente an der Schweizer TU in Buchs zeigten, dass sich bei der Beschallung von Wasser in einem Behälter außerhalb, um das Glas herum, ein messbares elektromagnetisches Feld aufbaut (...), dass auch im Organismus Ähnliches geschieht: Dass durch akustische Beeinflussung von außen das körpereigene elektromagnetische Feld analog strukturiert wird. Es entsteht ein individuelles akusto-magnetisches Feld ...«

aus: Annegret Heinen: Ein-Klang, Mannheim 2003, S.39.

Wir beginnen mit dem Dom.

Die Kirchen Münchens

Ein energetischer Rundgang

Der Dom zu Unserer Lieben Frau im Zentrum der Stadt

Das etwas andere Kirch-Erlebnis für Geo-Spiritualisten: Im »spirituellen Schnittpunkt« des Dreiecks zwischen St. Michael (Märchenkönig und dessen Grablege), »Heilig Geist« und Theatinerkirche (Max I.) ruht Ludwig der Bayer in der Krypta

– 1 –

Mitten im Schnittpunkt und genau auf der Energie-Linie !

Vergessen Sie doch einmal alles, was Sie schon immer über den »Liebfrauen-Dom« gehört haben! Sicher, es stimmt: Die berühmten Welschen Hauben, also die so gemütlich wirkenden Zwiebeltürme passen nicht zu den spätgotischen Türmen. Oder soll ich Ihnen hier erzählen, die Frauenkirche sei das Wahrzeichen von München? Das wissen Sie schon? – Eben.

Also fangen wir an.
Zeichnen Sie eines der »Münchner Kirchen-Dreiecke« in den Stadtplan oder sehen Sie einfach auf die Planzeichnung dieses Buches: Wieder einmal eine Ecke auf St. Michael mündend, der Kirche mit der pfählenden Erd-Energie (siehe Text über St. Michael) und noch dazu der berühmten Grablege des Märchenkönigs Ludwig II. in der Fürstengruft (wenn er denn da ist ...!). Andere Spitze des Dreiecks: Die Heilig-Geist-Kirche oder Spitalkirche mit der Energie und dem unauslotbaren Wissen der Templer bzw. der Hospitaliter.
Und »oben«, also im Nordosten: St. Kajetan, die Theatinerkirche, die bis heute mit der schier unglaublichen Schwingung des Odeonsplatzes energetisch vibriert.
Beachten Sie dann die Linie, die – von St. Kajetan ausgehend – die Basislinie zwischen St. Michael und Heilig Geist in der Mitte senkrecht trifft:

Genau darauf finden Sie den Dom. Noch genauer die Vierung oder den entscheidenden Platz: den magischen Ort der Krypta. Davon gleich mehr.

Nun betrachten wir die unheimlichen Sagen, die von Kraft, Winden und dem Teufel handeln (deren nette und volkstümliche Verpackung ändert nichts am richtungweisenden Inhalt!).

– 2 –
Sagen-haft: Teufel und Erdkraft. Warum die Kräfte der Natur so verteufelt gefährlich erscheinen können

Nicht umsonst spielt die bekannteste Sage vom Teufelstritt genau da, wo die Erdkräfte »nach unten« ziehen.
Abladender Ort, sagen die Kraftort-Kenner zumeist und liegen damit mehr als richtig.
Diese wortwörtlich tief-gehende Geschichte, Mär, Sage (am besten Wahrheit) vom Teufelstritt sollten Sie indes nicht nur hören, kennen, wissen – Sie müssen hingehen, Sie müssen da sein!

Diesmal aber mit einem anderen Vor-Wissen und einer anderen Fühligkeit als die vielen Touristen und Neugierigen, die den Fuß auf die bekannte Stelle setzen, sodann »aha!« sagen und sich freuen, dass der Folklore Genüge getan ist. Denn wenn Sie den Fuß genau auf der Teufelstritt-Stelle haben, wenn Sie das rechte oder linke Bein an die Stelle unter der Orgelempore platzieren konnten, genau dorthin, wo im rötlichen Marmor ein Stampftritt klafft, als sei er in feuchten Meeressand hineingestoßen, dann sind Sie auf genial spielerische Art abgelenkt, vielleicht gar verführt ..., verleitet dazu, dass Sie eben genau »am Punkt« stehen.

Ist Ihnen noch nicht aufgefallen, wie viele Ortsnamen mit »Teufel«, »Höll«, »Hell« zusammenhängend gebildet sind? (Teufelsgrube bei Holzkirchen, Höllriegelskreuth; nebenbei: Kreuth = Raute) – stets Stellen besonderer, spürbar wuchtiger Erdkraft. Und das hat seinen Grund.

Deshalb schnell zurück zur Sage:
Der Prachtbau christlicher Machtentfaltung, zugleich eine Zierde der Münchner Stadt und des »gewappelten« Bürgertums, der sollte nun bald fertiggestellt sein.
Prachtbau! Christentum! Macht! – Der Teufel beobachtete dies alles mit Argwohn, stand beleidigt und neidisch abseits und überlegte. Auf münchnerisch: »Er stank ihm ...« Und zwar sauber.
Aber die Kirche war noch nicht geweiht. Eine allerletzte Chance für den Widersacher. Der heilige Akt musste verhindert werden, denn hinterher wäre für den Teufel für immer der Zutritt zum Dom verweigert gewesen! Rituale wirken, vergiss das nie, lieber Leser. Sie wirken im Guten und im Bösen.
Von außen her wollte der Teufel den Backsteinbau zerstören, mit blindwütigen Winden (Kräften der Luft), von innen her mit Wut, Hass, Zerstörungssinn, Verrücktheit (Erd-Energie, falsch genutzt?).
Er fuhr hin zum Frauendom, band außen die Winde fest, rumpelte hinein durch's Hauptportal, blieb genau da stehen, wo der Teufelstritt heute noch klafft: Und er geriet außer sich ... vor teuflischer Freude.
Kein Fenster zu sehen!
»Das Werk des Christentums ist mißglückt!«, gröhlte er und stampfte auf, nicht vor Wut, sondern vor Freude.
Und er verschwand, so erregt im Glauben an ein vermeintliches Scheitern des Dombaues, dass er die Winde vergaß.
Und sie wehen um den Dom. Heute noch.

Für Kraftort-Gänger eine Deutung:
Energie, Energie! Der Teufel, Wurm, Drache, das Urtier der Sage ist nicht immer nur das Böse, sondern zumeist die unbändige Erdkraft, die Drachen-Energie. Und solche Energien haben wir hier genug. Außen die Winde sind ein deutliches Zeichen. Es »zieht«, auch in den Gliedern, vor allem vor dem Hauptportal.
Solch ein »Ziehen« in den Gliedern: Immer ein Zeichen, dass Sie auf einem magischen Ort stehen.
Und innen, da waren die Erdkräfte dereinst ungeheuerlich. Heute sind sie nicht mehr so stark wie damals, denn durch

dümmliche Restaurierung, die Wegnahme des Benno-Bogens, falsche Farbe und die Raumkraft-Einbuße aller Kirchenräume nach der Liturgiereform ist vieles verlorengegangen. Aber es schlummert, schläft den mystischen Schlaf alles Wiederkehrenden. Wo? Eben in der Erde, der großen Hervorbringerin allen Lebens.

Erde (Gaia, Geo ...) ist weiblich, urweiblich gar. Und wir reden von der *»Frauen«*-Kirche!

Sind wir wieder beim Drachen, beim Wurm, dem Erdling, der Erde ... und der Stelle, die nach unten führt: Dem so genannten Teufelstritt.
Gehen Sie hin und lassen alles, was Sie belastet, »zum Teufel fahren«.

Die andere, bekanntere Sage:
Der Teufel half beim Bau, denn der Baumeister, Herr Jörg von Halspach, er war in argen Schwierigkeiten.
Ob Luzifer allerdings aus christlich mitfühlender Hilfsbereitschaft geholfen hat oder aus kaltem Kalkül, das wissen wir nicht. Nicht ganz ... Nur eben soviel: Der Fürst der Finsternis tut nichts umsonst – und er wollte, neben der Seele des Baumeisters, auch noch das Gelingen des monumentalen und sündteuren Sakralbaues verhindern. Indem das Licht fehlen sollte, das Licht des christlichen Glaubens.
Und er sah von der bewussten Stelle aus kein Fenster.
Und stampfte sein Fußzeichen dröhnend in die Erde hinein.
Aus Freude? Aus Wut und Zorn? – Je nach Erzählstrategie.

Tatsächlich: keine Fenster zu sehen, an der Teufelstritt-Stelle erblicken Sie nur Säulen. Über luziferisches Licht will ich jetzt nicht spekulieren, der Leser wird nun den Dom anders begehen und anderes fühlen.

– 3 –
Magischer Ort »Frauenbergl«

Schon der Name verrät: Platz mit weiblichen (erdenden) Energien. Offiziell geriet der Name nach der spätgotischen Marienkirche zu »Unserer Lieben Frau«. Genau so, wie die Peterskirche auf dem Petersbergl, stand auch die Frauenkirche am Rande der ältesten Stadt auf einer Anhöhe, eben dem Frauenbergl. Grabungsfunde weisen auf eine dreischiffige romanische Basilika um 1230/40.
Außen herum war damals ein Friedhof, der ebenso wie der Friedhof der gleich-zeitigen Salvatorkirche (siehe unter Salvatorkirche, diese ist die stattliche »Friedhofskapelle« des damals verlegten Frauenfriedhofes) von unheimlichen Sagen umwoben wird. Bis heute. Und der Spuk lässt sich immer noch feststellen.

– 4 –
Einfach nur vor den Türmen stehen, nach oben schauen – und staunen!

Ein gutes Gefühl für die geradezu gefährliche Wucht und magische Ortskraft »des Domes« erhalten Sie, wenn Sie am Domplatz, nahe dem aufsaugenden Portal stehen, wenn Sie »Ihren Punkt« finden – und einfach nur nach oben schauen. Sollten Sie schwindlig werden: dies hat hier am Ort mehrere Gründe!
Immer ist die Verbindung zweier Türme (also eine doppelte Erdpfählung) magisch und lebenserhaltend. Deshalb war auch hier, zwischen den Türmen und bei den Türmen selbst, der Bombensturm des letzten Weltkrieges »von oben her« geschützt.
Überlebens-Energie!
Genau die spüren Sie hier und es schwindelt Sie: Das Leben ist so schön, dass man davon schwindlig werden kann!

Einige Fakten und Zahlen, lesen Sie dabei auch zwischen den Zeilen: Die Frauenkirche ist 108 Meter lang und 38 Meter breit. Beachten sie immer die Quersumme.

Die Doppeltürme ragen 100 bzw. 99 Meter in den Münchner Himmel, der Dachfirst des Kirchenschiffes ist 60 Meter hoch.

Lassen Sie sich vom Anblick der Türme bewusst gefangen nehmen: Jeder Turm besitzt neun Stockwerke, jedes Stockwerk von einem Mauerkranz mit Öffnungen bekrönt.
Die sieben unteren Stockwerke bilden Quader, die bis zur Firsthöhe des Kirchendaches aufragen. Die oberen Stockwerke allerdings sind achteckig mit seitlichen Strebepfeilern. Jedes achteckige Bauwerk, das sogenannte Oktogon, entfaltet immer eine unbändige Magie bzw. Wunderkraft. Denken Sie an die Gnadenkapelle von Altötting.
Durch diesen genialen »Blend-Trick« wirken die Türme, trotz der Erdschwere und horizontalen Gliederung, aufstrebend und himmelfahrend!

– 5 –
Rundgang außen herum – »Um den Dom rum«
Erdkraft: Eine windige Sache – und doch so boden-ständig!

Vielleicht umrunden Sie den Dom einmal vollständig, um die so ganz und gar verschiedenen Erdkräfte zu spüren. Erträglich im Süden, eisig im Norden (nicht nur wegen der Temperatur); leicht verspielt und hochreißend im Osten an der Apsis, zentrierend im Westen, vor dem Portal, zwischen den erdkraft-pfählenden Säulen: den Türmen.

Suchen Sie nun im Süden (Nähe Bratwurst-Glöckl) den Platz der Sonnenuhr hoch über Ihnen.
Achten Sie auf die Geometrie auf dieser monumentalen Fläche der Zeitanzeige. Sehen Sie die Rauten?
Wenn Sie sich mit »Magischen Orten in Bayern« beschäftigt haben, dann wissen Sie: die Raute ist das diagonal-linige Zeichen der Herrschaft, der Machtentfaltung; jede Raute besteht aus zwei Pyramiden, einer erhabenen und einer umgedrehten Anti-Pyramide. Und: die Verbindung aller Kraftlinien in Bayern ergibt das Rautenmuster …

Der Entstehungsgeschichte dieser heute so wuchtigen Sakralanlage »Dom zu Unserer Lieben Frau«, die sich gerne lieblich geben will, aber Macht (Macht von wem über wen ...?) darstellt, fällt in die Zeit des Hohen Mittelalters. Als auf dem Frauenbergl – wie Sie, lieber Leser, inzwischen wissen – schon bald nach 1240 die Marienkirche in der nördlichen Stadthälfte zu wachsen beginnt, da ist die Stadt der Bauherr: nicht die Kirche und nicht der Herzog.
Die Geschichte nur sehr knapp umrissen: 1468 Grundsteinlegung des jetzt bestehenden spätgotischen Neubaues. »Stadtmaurer« Meister Jörg von Halspach leitet das Projekt während der gesamten Bauzeit, 1468 bis 1488.

Schreiten wir weiter, von der Südmauer mit der Sonnenuhr Richtung Osten, zum Areal der Apsis. Hier herrscht, trotz der vorübereilenden Passanten, eine eigenartige Feierlichkeit. Starke Energien spindeln sich linksdrehend nach oben, hinein in den aufnahmebereiten Münchner Föhnhimmel. In der Mitte der Apsis dominiert das monumentale Fenster, das einzige übrigens, das vom »Teufelstritt« aus zu sehen wäre – stände da nicht, eben vom vorderen Teil der Kirche aus betrachtet, der Altar.

Hier im Osten reißt eine unsichtbare Energieform spindelförmig linksdrehend nach oben. Finden Sie den Punkt – und genießen Sie. Ein Star-gate!

Nun gehen sie linksrum wieder zurück. Die Nordseite bleibt kalt, sie steht im Schatten der Bankhäuser, wie sie in der Löwengrube aufgereiht sind. – Oder stehen die Bankhäuser im Schatten der Kirche?
Der Wind weht auf dieser Seite eisig und teuflisch, das Nordwestportal (Sixtusportal) wirkt mächtig, aber nicht einladend, der Benno-Brunnen lockert mit fließender Energie die Seele auf. Weg von hier und wieder auf den Domplatz!

Wieder im Einfluss der Haupttürme. Das Portal erkennen Sie nun als Verstärker, als »Sounding Board« der kanalisierten Erdkräfte. Bilden Sie durch Ihren Körper mit der Linie zwi-

schen den Türmen und zwei unsichtbaren Linien, deren Schnittpunkt Sie selbst sind – ein Dreieck, finden Sie den richtigen Platz durch Hin- und Hergehen. Spüren Sie's? Ihre Energie fährt hoch, und wie!
Genug? Dann gehen wir einfach geradeaus nach vorne, in den Dom hinein.

– 6 –
Das Innere des Domes

Vielleicht noch mal der Teufelstritt als Beginn der Innen-Tour? Spüren Sie sehr bewusst, wie negative Energien abgezogen werden. Nebenbei: Es werden *alle* Energien abgezogen an solch einer Stelle – und die Menschen freuen sich noch darüber.

Wenn Sie aber das Spiel bewusst treiben, gewinnen Sie an dieser Stelle *(der magische Platz schlechthin* in München!) eine ganz ungewöhnliche Kraft und Energie dazu.
Beobachten Sie mit Freude, wie an manchen Tagen die Besucher Schlange stehen, um den Fuß auf die Teufelsstelle zu setzen ...

Gehen Sie lieber von hier aus zur ersten Säule links. Eine wohltuende Madonna, vom bayerischen Adel gestiftet, eine wahre Energie-Geberin.

Den Mittelgang im Dom können Sie vergessen. Wenn Sie etwas spüren, dann die Verwunderung, in solch einem Monumentalbau nichts zu spüren. Dies liegt an Bau- und Renovierungssünden, die aber heute nicht unser Thema sind.
Gehen Sie links von der Säulenreihe nach vorne, finden sie die Erdkraft-Pfähl- und auch Todeszone links neben dem Chorraum:

Georg, der den Drachen sticht. Sie wissen: Der Drache, die Drachenlinie, die Erdkraft. Und Geo, Gaia, die Erde. Der Mann mit der Erde, mit »Geo« in Namen, er sticht (pfählt) die

Drachenlinie, die genau hier zu spüren ist. Doch hat sie an dieser Stelle eine eigenartige Kraft, wie die zahlreichen Todes-Symboliken in diesem Areal beweisen.
Georg der Pfähler bildet mit Rasso (Graf Rasso – Grafrath!) und der darüber frei hängenden Anna Selbdritt – das ist Anna mit dem Jesuskind und Maria dazu – ein magisches Dreieck, das Sie sehr bewusst wahrnehmen sollten.

Und dann die Uhr!
Sie müssen noch ein Stück weiter gehen, um die mindestens fünf Meter hohe Automatenuhr zu finden.
Suchen Sie Gottvater: Er bildet die obere Spitze eines Dreiecks mit seinem Sohn und der Gottesmutter Maria. Was sensationell ist: Der Weltenschöpfer zieht, im Takt weniger Sekunden, immer wieder das Schwert aus einer Scheide – und steckt es alsdann wieder zurück. Die Bewegung wird durch eine der Automatenuhr innewohnende Mechanik ausgelöst.
Gott mit einem Schwert? Eine kühne Theologie. »Du sollst dir kein Bild machen ...«, so steht es in den Zehn Geboten – und dann das! Deuten wir die seltsame Gott-Automate als »Herr über die Zeit«: Schneidet der Herr über Raum und Zeit Stunden ab oder zieht er das Schwert, um zu richten?
Die richtige Antwort kann nur lauten: Wir wissen es nicht, Gott ist unaussprechlich (sogar sein Name sollte nur mit größtem Respekt genannt werden oder gar nicht, denn wer kennt den Namen dessen, der bei Moses sagt »Ich bin der ich bin«?), letztlich ist Gott nicht abzubilden und wohl gar nicht mit einem Schwert.
Jedoch als kunstgeschichtliches Kuriosum ist der schwertziehende Herr des Alls einmalig.

Sehen Sie das vergoldete schmiedeeiserne Sonnenrad, ebenfalls im Chorraum links ...?
Urkeltische Anklänge mitten im christlichen Hoheitsgebiet ...

Meine Münchner Kirchen-Übung zum Dom:
Ich füge den Fuß in die Senke der Teufelstritt-Stelle und denke nach über alles, was ich soeben gelesen habe.

Religiöse Wahrheit des Überlebens:
»... dann sind Sie auf genial spielerische Art abgelenkt , vielleicht gar verführt ..., verleitet dazu, dass Sie eben genau »am Punkt« stehen ...«. – Erinnern Sie sich noch an die Zeilen weiter oben im Text?
Das ist es: Eine Welt hinter der Welt, nicht nur beim so genannten Teufelstritt. Sie werden abgelenkt, aufgefordert, etwas zu tun und zu denken, dessen wahren Hintergrund Sie selten erkennen oder gar ausloten können (zumeist durch Folklore, spielerische Nettigkeiten oder hohe Kunst geschieht die Ab-Lenkung). Nebenbei: Bei jeder der im Buch genannten Kirchen ist das so.

Der Dom ist gnadenlos in Aussage und Sofortwirkung. Sie frösteln nicht umsonst. »Leben« finden Sie außen, vor dem Portal und den Türmen und im Osten im Zentrum der Lebensspirale.

Ausgangspunkt:
Im spirituellen »Brennpunkt« vor dem Hauptportal.

Einkehr:
Vielleicht Bratwurstglöckl am Dom?

Wie komme ich hin?
München, Zentrum, Fußgängerzone (bitte ohne Auto). Der Dom ist nicht zu übersehen – das war von Anfang an so gedacht!

Maria Geburt nahe der Würminsel in Pasing: Kunstgeschichte gegen Regenwasser

Wie die Magie der stillen Wasser um die Würminsel herum noch in einer wunderbaren Kirche spürbar bleibt.

– 1 –
Feen-umtanzter Zauberplatz

Eines der schönsten Platzerl Münchens ist die Würminsel in Pasing. Da, wo die alten Wasser eine still träumende Schleife bilden und sich jener verzauberte Turm hinträumen lässt, der das Pasinger Wappen ziert – tatsächlich stand hier dereinst das Pasinger Wasserschloss, ein sagenumwobener Bau, dessen Zauberwirkung heute noch das längst eingemeindete Dorf Pasing energetisch prägt – gleich daneben steht ein ganz besonderes Kircherl: Maria Geburt.
Bis zur 1993 abgeschlossenen Renovierung war statt des spitzbogen-typischen gotischen Portals ein hölzerner Windfang an eben der Stelle. Und wie hat der Mesner bei einem tiefgreifenden Gespräch mit mir kommentiert:

»Früher hat koaner der Hochzeitsgäste im Reg'n steh miassn ... aber jetzt is' oiss so bläd wia nia, saubläd sogar – aber kunstgeschichtlich exakt ham's es g'macht ... und alle wern ma patschnaß ...«
Genau das ist es. Und noch viel mehr:
Es gibt eine Welt hinter der Welt.
Und genau auf diese kommt es an! Wollen wir hingehen und – ganz im Zeichen der goldenen, spitzbogenumkrönten Madonna von Maria Schutz – diese Welt hinter der Welt entdecken!

Denn die sichtbare, nachlesbare und nimmermüde herunter-erklärbare Wirklichkeit (»... nun wurde bei der Renovierung

von Maria Geburt in Pasing das alte gotische Eingangsportal original wiederhergestellt ...«, so stellt sich die Sache im Internet stolz dar), diese altbekannte Kirchenführer-Wirklichkeit gibt keineswegs das wieder, was der Besucher sinnlich und übersinnlich erfahren kann:
Es regnet ihn an.

Anders gesagt: die Kirche lässt ihre Gäste im Regen stehen. Warum auch nicht. Denn Regen ist Leben und alles Gute kommt von oben, immer schon.
In diesem Falle aber original gotisch mit Spitzbogen. Kein Zweifel, der Humor kommt von Gott selbst, denn Gott ist der Humor. (Siehe im Internet unter www.mariageburt.de: »Der gotische Eingang, wie er früher einmal war, ist fertig verputzt. November 2003.«)

Und dieses gotische Portal, das den Besucher nun zum sinnenden Darauf-Zugehen einlädt, das hat, trotz der einladendbergenden Gemütlichkeit des alten Vordachls, schon seine Richtigkeit. Sonst hätten es die früheren Baumeister nicht so gesetzt – oder eben immer schon mit einem Regenschutz (Maria-Regenschutz ...?) überbaut.

Bereits wenn Sie auf das verzauberte Areal zugehen und dazu die uralte Friedhofsmauer durchschreiten, spüren Sie deutlich eine seltsame Wohlbefindlichkeit, die in dieser Form so ziemlich einmalig ist.
Der Raum zwischen Mauer und Spitzbogenportal der Kirche, es ist dies der ehemalige Friedhof – hält in jedem Falle das, was man über magische Orte sagen kann:

Der Ort nimmt einen mit!
Denn er trägt den Zauber und die Aufladung der Jahrtausende in sich.

Dieser so seltsam in sich versunkene, den Schlaf der Ewigkeit mitteilende Gottesacker, den Sie hier beschreiten und dessen positive Energie spürbarer ist denn je zuvor (übrigens, alle Friedhöfe sind aufladend und positiv, ganz im Gegensatz zur

landläufigen Meinung, die besagt, dass Friedhöfe gruselig seien: denn Tod ist Leben und zum Leben gehört nun einmal der Tod), dieser Friedhof also wurde 1909 aufgelassen, nachdem sechs Jahre zuvor ein neuer an der Lampertstraße/Haidelweg angelegt wurde: der sogenannte alte Pasinger Friedhof. Übrigens, der schönste und energetisch phantastischste Friedhof Münchens mit einer Aussegnungshalle, die alten romanischen Dorfkirchen nachempfunden ist.
(Ich weiß, wovon ich spreche, denn ich bewohne seit vielen Jahren eine Dachterrassenwohnung direkt neben diesem Wunderfriedhof ...)

– 2 –
Außenbereich: Energien des Totengartens und der magischen Würmschleife

Begeben wir uns geistig-visualisierend oder aber körperlich mit bewusst gesetzten Schritten zurück zum Marienkircherl an der Würminsel! Verweilen Sie in der Nähe eines auffallenden metallenen Grabmales zur Linken:
»Memento mortuorum« steht darauf geschrieben. Geben Sie sich diesen Zeilen hin und lassen sich entführen in die Welt der Ahnen! Linksdrehende Energien umfangen Sie wohltuend, erdend und hebend zugleich. Diese Balance der Erd- und Wasserkräfte macht den gesamten Bereich von Maria Geburt so einmalig, so einmalig schön.
Denken Sie daran, dass dies einmal ein Friedhof war, ein »Totengarten«, wie mir vor Jahren ein uralter Grabstein verriet.

Welche Kraft wirkt auf dem magischen Areal vor dem Portal von Mariä Geburt? Warum fühlt sich gerade hier jedermann so wohl und gehoben? Ist es die Kraft des Ortes oder die beruhigende Energie der Würmschleife, die hier solch zauberhafte Stimmung hervorruft, mehr noch, hervor ... zaubert!
Nicht umsonst spielen viele der wundersamen Pasing-Sagen hier ganz in der Nähe und immer im Würmtal. Sagen von uraltem Zauber des Unerklärlichen, des im Geheimnis der

Ewigkeit Verwobenen, des Transzendenten; zumeist Sagen von Feen und Elfen, die ab der Zeit des welkenden Sommers im gesamten Würmtal den ewigen Reigen der Anderswelt aufführen ...
Sichtbar für den, der sehen kann: Welt hinter der Welt, Anderswelt.

Sie sollten vor dem Eintreten ins Gotteshaus durch eben jenes Spitzbogenportal einen Rundgang um die alten, inzwischen neu renovierten Mauern tätigen. Links vom Eingang die Nordseite in unmittelbarer Nähe der Mauer zum Klostergarten, zur Würm-Energie: dunkle, stille, erhabene Erscheinungsformen der Erdkraft, aber durchaus bergend und nicht beunruhigend ...
Dann vorne, an der Apsis, die Grabplatte des bayern-sel'gen Pfarrer Wörnzhofer: Würde und Humor. Etwas weiter vorne im Text erfahren Sie, wie er sein Bayerntum »... auf die Spitze getrieben hat«!
Verweilen Sie im Gebet, wissend, dass der Himmel für manche Geister immer nur Bayern selbst sein kann!

Schließen Sie den Rundgang ab und kommen, auf der helleren, leichtgewichtigeren Seite zum Portal zurück. Eine kleine Einweihung, ohne dass Sie sich dessen bewusst wurden.

– 3 –
Innenraum: Marienkraft und München!

Nun eintreten!
Sofort nimmt Sie die überaus positive, bergende, klassische Marien-Energie gefangen. Links beim Schriftenstand eine eigenartige Dunkelheit, die tiefere Ursachen hat. Die »Teufelstritt-Stelle«.

Doch wenden Sie sich nun der Madonna vorne inmitten des neugotischen Altares zu: golden und wunderbar.
»An diesen Bau (gemeint ist wohl der 1483 vom Aubinger Pfarrer Haidel gestiftete damalige Neubau) wurde 1495 der

heutige Polygonalchor mit dem Vierpassfries aus Formziegeln angefügt ...«
(Aus: »Die alte Pfarrkirche Mariä Geburt«. In: »Pfarrei Maria Schutz« München-Pasing; Schnell-Kunstführer Nr. 2102; München 1993, S. 16)

Die Apsis wirkt und strahlt heilend – aber kommen Sie ihr nicht zu nahe (siehe unter »Besonderheiten«)!
Lassen Sie den Blick über die Heiligen schweifen und ruhen Sie sich an der »Münchner Kreuzigung« rechts vom Apsis-Spitzbogen aus.

– 4 –
Das Heilsgeschehen fand und findet in München statt

Tatsächlich ist hier, spitzbogengerahmt, die Kreuzigung Christi dargestellt. Das bekannte Szenario mit allen dazugehörigen Personen und Stimmungen. Aber, sieh da!
Im Hintergrund die Stadt München! Das Kreuz der Erlösung vor den Frauentürmen.
Ein kühner Gedanke, jedenfalls aus theologischer Sicht. Andererseits – man soll alles ernst nehmen, noch dazu, wenn es sich in solch märchenhafter Kirche findet:
Hängt das Heilsgeschehen mit München zusammen ...?
Mit diesen Gedanken meditierend will ich den geneigten Leser alleine lassen. – Vielleicht fand die Schöpfungsgeschichte in Pasing statt, wer weiß.

Jetzt, mit neuen Augen (auch den Augen des Humors), sehen wir den Regen positiv. Er ist ein Lebenszeichen und das tut dem alten, beliebten, neu hergerichteten Kircherl gut. Denn wer hier heiratet, der kriegt echte Münchner Kindl. Heißt es. Vielleicht hängt dieser liebenswerte Aberglaube mit der »Münchner Kreuzigungsszene« im Inneren der Kirche zusammen – oder aber mit dem gottseligen Pfarrer Wörnzhofer, der sich zur Zeit des echten Konfliktes zwischen Bayern und Preußen maßlos über die damalige Zwiebelhaube (!) des Kirchturmes aufgeregt hat, wie sie zeitweise den Anblick des Bau-Ensembles gestaltete!

Es wird gesagt, der geistliche Herr hätte die Zwiebelhaube kurzerhand abreißen lassen (sie erinnerte ihn an preußische Pickelhauben!) und durch ein (kunstgeschichtlich korrektes) Spitzdach wie in der heute sich darbietenden Form ersetzen lassen wollen.
Bravo. Wahres Bayerntum ist göttlich, magisch, alles.
Und man kann es gar nicht genug »auf die Spitze treiben«.
Für seriöse Leser die solide kunst- und kirchenhistorische Auskunft hierzu:
»Nachdem Pasing am 28. Januar 1881 zur selbständigen Pfarrei (...) erhoben worden war (Genehmigung durch Ludwig II. unter dem damaligen Benefiziaten und anschließenden Pfarrer Engelbert Wörnzhofer, gest. 1905, Grabmal in der Apsis), modernisierte man ein Jahr darauf das Gotteshaus (...) und bekrönte den Turm anstelle der bisherigen Barockhaube mit einem Spitzhelm ...«
Aus: »Die alte Pfarrkirche Mariä Geburt«, a.a.O., S.16.

Den Quellen zufolge handelt es sich bei dem alten, neuen Kircherl um das letzte noch erhaltene Gotteshaus Pasings, weil die zuvor existierende Holzkirche der Gemeinde im Jahre 1422 bei einer Schlacht zwischen den Herzögen von München und dem von Ingolstadt in Flammen aufging. – Heute wird Maria Geburt von den Passionisten-Patres betreut und war bis 1900 die Pfarrkirche von Pasing. Das heutige Presbyterium ist der älteste und damit der spätgotische Teil der Kirche. Es zeigt ein Rippengewölbe mit Netzfigurationen und Pfeiler, die mit Kapitellen versehen sind.
Erheiternd: Der Einsturz des Turmes 1588 passierte wahrscheinlich deshalb, weil er gar zu g'schlampert gebaut war ...

Meine Münchner Kirchen-Übung:
Spitzbogen-Übung: Ich selbst bin ein gotisches Bauwerk und forme die Hände so über dem Kopf, dass von den Fingerspitzen weg bis zum Boden – oder eben von der Erde bis hinauf zum Spitzbogen meiner Arme, Hände und Finger – der hohe Bogen entsteht. Energetisch hochwirksam: Das Fließen an meinen Körperseiten bleibt deutlich spürbar. Von oben nach unten und umgekehrt.

Religiöse Wahrheit des Überlebens:
Madonnen-Energie, Stille, Innerlichkeit. Mehr noch: Das Heilsgeschehen der Bibel in München ... und das Schrillen einer Alarmanlage. Warum nicht.

Ausgangspunkt:
Im ehemaligen Friedhof, vor dem Spitzbogenportal, etwa mittig zwischen Portal und Friedhofsmauer.

Wie komme ich hin?
Ab Pasinger Marienplatz in südlicher Richtung Planegger Straße, rechts ab »Am Klostergarten« – schon erscheint Maria Geburt an einer anheimelnden Würmwiese.

Einkehr:
Schweizer Hof. Kultgaststätte für den, der's einfach mag und garantiert satt werden will.

Besonderheit:
Alarmanlage reagiert sofort, wenn Sie über das Seil steigen und das Schild »Achtung Alarmanlage« missachten. (Dies ist nicht immer in Kirchen mit Warnhinweisen der Fall!)

Tipp:
Rechts an der Außenmauer, im Süden finden Sie beim Kinderspielplatz ein zauberhaftes Brünnlein plätschern, mit einem Heiligen Christophorus. Hier herrschen erhabener Friede, Heiterkeit, Heilung – und Kinderliebe. Setzen Sie sich hierher, sehen den Kindern zu und beschließen ihre Betrachtungen zu »Mariä Geburt«.

Maria Schutz in Pasing: Macht, Magie, Marien-Energie – alles für ein eigensinniges Dorf vor der Stadt

... aber vorher muss ein Papst Benedikt
(der Fünfzehnte, nicht der Sechzehnte!)
Maria zur Patronin Bayerns erklären ...

Es ist schon recht erstaunlich, auf was der sinnende Betrachter stößt, wenn er sich vornimmt, Münchens Kirchen einmal anders zu erleben, die Welt hinter der Welt zu entdecken und dabei auch noch eine besondere Kraft des Ortes zu erspüren. Maria Schutz in Pasing an der Bäckerstraße enttäuscht da keineswegs und die Überraschungen sind zahlreich!

Dass der Platz vor der Kirche vor Energien strotzt, ein Phänomen, das zu jeder romanischen Kirche dazugehört und bei neuromanischen Sakralbauten zumeist genial nachgeahmt wird (siehe auch die wuchtige, romanisierende rheinische Architekturphantasie des Gabriel von Seidl bei St. Anna im Lehel); dass also der Platz vor der Kirche mindestens so wichtig ist wie das Innere, war zu erwarten.
Hier aber begegnet die architektonische Einbettung in das umliegende Häuserensemble bis heute so passend und genial, dass man vor Jahren den Jedermann (eine bayerische Version des berühmten Hoffmannsthal'schen Leben und Sterben des reichen Mannes, aber nicht weniger wuchtig) mit Überzeugung zur Aufführung hat bringen können.

– 1 –
Außen, Portal-Bereich und Jedermann-Energie: Sterben müssen wir alle, aber das Leben vorher darf ruhig Spaß machen!

Stellen Sie sich also vor das gigantische Portal und lassen Sie im Geiste rufen:

»Je-eder-Mann ...!«
Es ist bestimmt keine schlechte Einstimmung. Jedoch ist »der Platz«, der vor Jahren den Jedermann-Schrei so herrlich zum Hallen brachte, erst später hinzugewachsen, denn die Kirche Maria Schutz stand zunächst auf der grünen Wiese:

»So wurde eine neue Pfarrkirche auf dem damals freien Feld an der heutigen Bäckerstraße geplant. Der Münchner Architekt Hans Schnurr (1864–1934) projektierte eine dreischiffige Basilika, die durch Querhausarme und gleichartige Fensterrosetten an den Schiffabschlüssen in der Vierung zentriert wird ...«, so berichtet uns der Kirchenführer im gewohnten (langweiligen?) Stil (in: »Pfarrei Maria Schutz«, a.a.O., S.6).

Genau diese klassische, die Kraft des Ortes architektonisch überhöhen könnende Bauart, wie sie dann, von oben betrachtet das Kreuz ergibt, macht indes die Erlebnis-Wucht in der Pasinger »Marien-Kathedrale« aus!

Denn genau dann, wenn Sie als Besucher innen in der Vierung stehen und die gewaltige Apsis wie eine heutige Satellitenschüssel auf sich wirken (strahlen!) lassen, dann stellt sich das ganz gewisse Gefühl ein, das der Kraftort-Gänger immer wieder sucht und dann auch findet. In alten katholischen Kirchen sowieso, aber oft auch in Sakralbauten der Zeit vor und um 1900, als das Wissen der alten Baukunst eben noch gegenwärtig war – und kundige Anwendung fand!

Wie innen, so außen:
Eine körperlich erfahr- und erspürbare Variation des hermetischen Grundsatzes »Wie oben so unten«!

Der große Benno Hubensteiner machte mich als Student darauf aufmerksam, dass sich die Energien einer romanischen Kirche stets im Außenbereich, Portalnähe, wiederspiegeln müssen. Sowohl was die religiöse Symbolik (zumeist der sehr erhabene Christus als Weltenrichter) betrifft, als eben auch energetisch.

– 2 –

Läuterung schon vor dem Tor! – Also treten wir ein!

Probieren Sie es aus: Die Wucht der Vierung innen, das »morphogenetische Echo« der gewaltigen Apsis ... es wiederholt sich außen auf den steinernen Stufen, wenn Sie des dreifach rundbogengeschwungenen Westportales – des Hauptportales – ansichtig (und an-«fühlig!«) sind! Betrachten Sie dies Portal als Brennglas, in dessen Focus Sie stehen.

Das immer wieder faszinierende Spiel mit dem Focus, mit dem Finden *»des«* Ortes!
Wenngleich dies Spiel bei Originalkirchen (gemeint ist zum Beispiel eine Kirche aus der romanischen Epoche und nicht eine neo-romanische Nachempfindung etwa aus der Zeit des Historismus), wenn das Kraftort-Spiel bei den berühmten Vorbildern des historistischen Baustils besser funktioniert (Bamberger Dom! – Dom zu Salzburg und das echte Jedermann-Forum! – oder in München: Liebfrauendom, siehe dort), der »Jedermann«-Platz von Maria Schutz und eben innen der Brennpunkt genau unter der Vierung, sie sind nicht ohne Wirkung für Energiensucher und Magische-Orte-Genießer.

Die zentrierende Wirkung innerhalb der Vierung entsteht weitgehend durch das Geschick des Architekten, der sich wissend an Maßstäbe hält, wie sie von jeher von Meistern der Gotik, des Jakobsweges, letztlich aus alten Mysterienschulen weitergegeben worden sind. So ist etwa der Turm von Maria Schutz, der das Gesamtbild Pasings so nachhaltig prägt, mit seinen 60 Metern etwa so hoch wie der Gesamtbau lang. – Bestimmt kein Zufall.

Sie können Ihren Pasinger Kraftort-Trip mit dem Verweilen in der »Mitte des Kreuzes« und damit in der Mitte des Glaubens – der Vierung eben – als Höhepunkt gestalten oder mit der Taufapsis und dem magischen erhabenen Taufstein als Kraftgeber abschließen, oder, oder ... viele besondere Stellen gibt es hier! (Siehe auch den Einführungstext »Das richtige Begehen einer Kirche«)

Beginnen wir den Rundgang im Uhrzeigersinn und verweilen an der mit Lebens-Energie strotzenden Taufstein-Apsis:

Hier herrscht eine Kraft unübersehbar: die Lebenskraft. Nicht umsonst werden hier seit jeher Kinder getauft und in das spirituelle Leben hineingetaucht. Tauchen und Taufen sind ein Wortstamm. Berühren Sie den gralsähnlichen monumentalen Stein mit den Fingerspitzen und fühlen Sie die Vibration.
Nun, geläutert und mit besseren Gedanken als vorher (ein Taufplatz ist immer abladend, denn zum Taufritus gehörte sogar ein Exorzismus, lesen Sie in alten liturgischen Büchern nach), treten Sie nach vorne und geben sich der Vierung hin.

Madonnen-Energie! Und Hingabe! Am 26. April 1916 hatte Papst Benedikt XV. auf Bitte König Ludwigs III. unsere Maria zur Patronin Bayerns erklärt. Die Weihe (Benedizierung und Konsekration) dieser Pasinger Marienkirche ist eine gar komplizierte Geschichte – wegen der Kriegs- und Nachkriegswirren (siehe Kirchenführer Maria Schutz, a.a.O., S.6).
Aber was für ein Glück, dass kurz vorher - eben im Jahre 1916 – Maria »die Patrona« geworden ist:

Heute schaut eine monumentale Schutzmantelmadonna mit kränklichem Gesicht und brennenden Augen auf den Besucher herab. Stil der 1950er-Jahre, man muss das mögen. Ein Buch, das ich lieber nicht nenne, spricht gar vom »Kretin-Stil«, dem fast alle Heiligen(-Bilder) einer alle Werte vergessenden Nachkriegszeit – leider am allermeisten Jesus selbst – zum Opfer gefallen sind.
Alte Pasinger berichten allerdings von wunderbaren und wundersamen Ausmalungen der Pasinger Apsis – vorher.

Doch der Raum-Energie tut die 50er-Jahre-Madonna keinen Abbruch. Trösten Sie sich mit der Fatima-Muttergottes und dem Marianischen Glockenspiel, wenn Sie den Rundgang im Uhrzeigersinne beenden, also direkt gegenüber der positiven Taufseite!

Und – wie immer: finden müssen Sie »Ihren« Platz selber.

– 4 –
Gedanken zum Schluss

Magische Orte sind immer auf besonderen Linien positioniert oder sind anderen Kraftpunkten zugeordnet:

Maria Schutz liegt auf einer geraden Linie mit Maria Geburt (siehe dort), wie alte Fotos aus dem Stadtarchiv zeigen. Und diese Linie, genau in westöstlicher Richtung verlaufend, bildet einen rechten Winkel zur Würm. Die beiden Kirchen kommunizieren miteinander und stellen ein Sender- und Empfängerverhältnis her. Dabei scheint mir allerdings Maria Geburt (die alte und eigentliche Pasinger Kirche!) von stärkerer Energie getragen zu sein, was am hohen Alter, am weise gewählten Ort und an der gesamten Energie der Würm liegt: Das Würmtal vom Austritt dieses magischen Flusses bei Starnberg aus dem »Würm«-See bis hier nach Pasing ist von jeher ein Eldorado für Keltenkult-Sucher und Kraftort-Gänger! (Keltenschanze bei Buchendorf, Mühltal: Grab der Seherin und Hexenquelle, Karlsberg mit Karlsburg, Thingplätze bei Gauting – und zahllose andere Beispiele mehr).

Maria Schutz zeigt, aus passender Entfernung betrachtet, das bekannte Spiel mit »Raum-Summanden« (Bezeichnung von Prof. Hubensteiner), mit Formen also, die jede Weisheit und Einweihung aller Zeiten in sich tragen.
Tragen ...! – Lassen Sie sich tragen, egal wohin. Sie kommen immer irgendwo an, und wer nicht pilgernd aufbricht, der kommt niemals an!

Meine Münchner Kirchen-Übung:
Ich stehe auf dem Platz vor der Kirche und rufe (in Gedanken!) laut: »Je-edermann!«. –
Ich stelle mir den Hall vor, der von den Häusern zurückschallt.

Religiöse Wahrheit des Überlebens:
Jedermann heißt Jedermann, weil ein jeder gemeint ist.
Also nachdenken und auf alles gefasst sein.

Ausgangspunkt:
Ebenda. Siehe Kirchen-Übung.

Einkehr:
Schweizer Hof

Wie komme ich hin?
Ab Pasinger Marienplatz am besten zu Fuß. Einfach fragen.
Jeder kennt die Bäckerstraße und die altbekannte Kirche.
Fragen und gehen: ein winziges Stück Pilgerschaft.

Tipp:
Entfernung und Bezug zur Münchner Frauenkirche herstellen, einschätzen, meditierend bedenken: Sender und Empfänger?

Dreifaltigkeitskirche

Mystisches Erleben der Dreiheit
auf mehreren Seins-Ebenen

– 1 –
Bevor Sie eintreten: werden Sie zur Mittelsäule

Stellen Sie sich, bevor Sie sich dem wahrhaft (!) magischen Innenraum der Dreifaltigkeitskirche hingeben und sich vom Geheimnis des Göttlichen und ebenso der Mystik berühren lassen – stellen Sie sich also sehr bewusst zwischen die beiden Säulen, wie diese beidseitig des magischen Tores des absonderlichen Sakralbaus emporwachsen.

Haben Sie schon von den geheimnisumwitterten ehernen Säulen gehört, die vor dem Zugang zum salomonischen Tempel standen?
Die beiden Säulen der Weisheit, gleichbedeutend mit den Ur-Energien des Daseins, der gesamten Schöpfung gar, jene polarisierenden, wohl ewiglich wirkenden Kräfte, die immer und überall begegnen, wo Leben ist?
Und vergessen Sie nicht: Wenn Sie hier an der richtigen Stelle stehen (harmlos wie ein Tourist oder ein unentschlossener Beter, der überlegt, wann er eintreten soll), dann existiert urplötzlich eine Mittelsäule, die Säule des Ausgleichs ... und das sind Sie selber!

Vielleicht können Sie dies Spiel, wie es hier allorten der Dreifaltigkeitskirche begegnet, mehr genießen oder verstehen, wenn Sie sich mit dem Baum des Lebens der Kabbala beschäftigt haben: Männliche und weibliche Energien, manchmal Stärke oder Güte genannt, stehen hier in ewig spindelndem Hin und Her, im Wechselspiel des Lebens selbst.
Wenn Sie dies alles schnell in einem Bild – einem Imago – begreifen wollen, denken Sie an das berühmteste Säulenpaar der Bibel: Adam und Eva, rechts und links stehend vom Baum der Erkenntnis. Wer ist in diesem Falle der Baum? Eben.

Also Vorsicht. Diese Kirche hat es »in sich«, im wortwörtlichen Sinne.
Treten Sie ein, mit großer Bewusstheit, was Sie tun.

– 2 –
Alles entspricht sich

Es gibt ein System der Entsprechungen, das, weil keines Menschen Gehirn es »vom Verstande« her zu begreifen vermag, in Symbolen dargestellt wird. In diesem Zaubergarten der sich entsprechenden Symbole ist nichts, aber auch gar nichts zufällig, diese Entsprechungen »... beruhen auf entwicklungsgeschichtlichen Übereinstimmungen. Bestimmte Stufen des Bewusstseins haben sich als Reaktion auf bestimmte Entwicklungsphasen entwickelt und beinhalten deshalb die gleichen Prinzipien ...«.
So drückt es die wohl berühmteste Lehrerin der Kabbala Dion Fortune aus.
(in: Die mystische Kabbala. Freiburg/Breisgau 1993, S.27)

Merken Sie es? Schon vor dem Eintritt in diese Stein gewordene Dreiheit eines Münchner Kirchenbauwerkes ist etwas Unaussprechliches mit Ihnen geschehen. Nun aber sind Sie durch das Tor gegangen – um wiederum vor einem verschlossenen Raume zu stehen!
Sie befinden sich im Inneren der Dreifaltigkeitskirche erneut zwischen zwei Säulen, die einen weit geschwungenen Bogen überspannen.

Genau hier ist »der« Platz, es ist gar nicht nötig, dass Sie dies gewaltige, zumeist verschlossene weiß lackierte Gitterwerk durchschreiten. Berühren Sie das Metall sanft und feinfühlend mit den Fingerspitzen (und erschrecken Sie nicht vor dem Dämonenkopf am Schloss):
Die Schwingung, die Sie nun – wahrhaft körperlich – spüren und erfühlen, rührt nicht von irgendwelchem U-Bahn-Rumpeln oder sonstigem Verkehrsgeschehen.
Der Ton des geistigen München?

Nein, dies ist tatsächlich eine spirituelle Schwingung, es ist wundersam materialisiertes Geistiges, das Sie an Ort und Stelle »zu fühlen bekommen«.
Dreiheilige Stille umfängt Sie, lassen Sie die Schwingung der Rundkuppel mit dem Allerheiligenhimmel durch das filternde Gitterwerk auf sich wirken.
Und, so eingestimmt, beginnen Sie mit dem neuen Sehen, blicken auf die »Welt hinter der Welt«, wie sie in dieser Kirche einmalig vergegenwärtigt wird:

Drehen Sie sich um und blicken staunend nach oben: Drei Ringe schneiden sich so, dass die beiden unteren Ringe das geometrische Symbol der so genannten Fischblase ergeben; zwei sich ergänzende Kreissegmente, denen in Einweihungskirchen oft die Figur des Christus oder der Gottesmutter einbeschrieben ist. Dies ist die Grundfigur der von Schöpfungs- und Lebensgeheimnissen durchwobenen »Heiligen Geometrie« ... siehe auch Fischblase beim Abstieg in die Gruft von St. Kajetan (Theatinerkirche, siehe dort).

Rätseln Sie über die hebräischen Schriftzeichen im oberen, »übergeordneten« Kreis, stellen Sie fest, dass das Fischblasen-Motiv in Wahrheit dreimal (!) begegnet und entziffern nun die lateinischen Schriftzeichen über allem:

ABYSSUS ABYSSUM INVOCAT

Drei Worte: Der Abgrund ruft den Abgrund! (aus dem 41. Psalm).
Die tiefere Bedeutung von Form, Schrift und Inhalt des Satzes müssen Sie selbst erschließen, – besser, der tiefere Sinn wird Ihnen erschlossen, eben genau hier stehend, zulassend, was auch kommen mag in Ihren Sinn.
Nicht umsonst schwebt die Taube, deren Flügel die unteren Kreissegmente schneidet, »über den Wassern«. Und Wasser sind tief.

– 3 –
Spiritueller Hintergrund

Maria Anna Lindmayr gilt als die bedeutendste bayerische Mystikerin des 18. Jahrhunderts. Schon als Kind empfing sie aufregende Kreuzesvisionen, 1687 trat sie als Tertiarin dem Dritten Orden der Karmelitinnen bei.

Ihre Gabe des Sehens wird auch »das zweite Gesicht« genannt, so sah sie die kriegerischen Ereignisse ihrer Zeit sich gefährlich zuspitzen, vor allem, was das Schicksal der Stadt München betreffen könnte.
Die Besetzung Bayerns durch kaiserliche Truppen zog sich von 1704 bis 1714; schließlich – im Jahre 1704 war die Schlacht am Schellenberg verloren – rückten die Österreicher in recht gefährlicher und bedrohlicher Weise auf München vor.
In dieser Zeit der Wirrnis, des Schreckens und der kollektiven Angst stürmten lichtgrelle Visionen von unvorstellbarer Bildkraft auf die fromme Seherin ein.
Schließlich erhielt sie »von oben« die Botschaft, den Bau einer Votivkirche anzuregen, die von der Idee bis zur detaillierten Ausführung durch die Dreizahl – die Göttliche Dreifaltigkeit widerspiegelnd – geprägt und bestimmt sein sollte!

Die drei (!) bayerischen Landesstände – nämlich Adel, Geistlichkeit und Bürgerschaft – zeichneten verantwortlich für den Bau der Überlebenskirche und sie taten dies, drei-einig, in der scheinbar unentrinnbaren Not.
So geschah es denn – so dass der Bau zwischen den Jahren 1711 und 1714 (drei Jahre!) von Antonio Viscardi ausgeführt werden konnte.

An einer Tafel am Kircheneingang gibt die lateinische Schrift Zeugnis:
»So wie das eine Göttliche Wesen in drei Personen lebt und wirkt, bewirkt die in drei Stände (Klerus, Adelige und Bürger = Clerus, Nobilitas, Civis) gegliederte Gesellschaft der Stadt München vereint den Bau der Kirche ...«

Drei, die Zahl der Einweihung: Von den Pyramiden und deren Seitenansichten bis zur christlichen Dreieinigkeit des einen (oder drei-einen?) Gottes zieht sich die Linie, die Kabbala-Stationen bilden Dreiecke und der Volksmund sagt aus tiefem inneren Wissen:
Aller guten Dinge sind Drei. Eins ergibt den Punkt, zwei Punkte die verbindende Linie, das »Dritte« aber öffnet, hin zum Numinosen, Göttlichen, zum Transzendenten.

Drei, Trinität, überall: Die malerische Ausstattung der Kirche übernahm kein Geringerer als Cosmas Damian Asam.
Die Drei als Zahl, Wert, Symbol, theologischer, spiritueller, magischer Wert begegnet schier unendlich (in der Dreizahl scheint ja auch die Unendlichkeit auf!), wer sich in die versteckten Zahlenverhältnisse des absonderlichen Gotteshauses vertiefen will, wird dreifach erstaunt sein. Eine gute Aufzählung des Dreier-Motives findet sich im Kirchenführer (a.a.O., S.3).

UNA TRES CONFICIUNT: Drei vollenden eins. Immer wieder begegnet uns der aus drei Linien gebildete Buchstabe A. Erinnern Sie sich? Abyssus Abyssum invocat ...

Sogar Spiegelmagie scheint hier auf: »Drei Spiegel, die sich gegenseitig reflektieren, versuchen eine andere Umschreibung des göttlichen Mysteriums, ebenso wie der dreigesichtige Kopf unter einer Krone ...« (aus: Religiöse Sinnbilder, a.a.O.)

Der sinnende Besucher der Dreifaltigkeitskirche möge an dieser Stelle erneut des »rettenden Engels Münchens« gedenken, der Mystikerin Anna Maria Lindmayer: hochreligiöse Begabung, drittes (!) von fünfzehn Kindern, eine hochsensible und hochempfängliche Seele, der früh in der Kindheit die schmerzhafte Gottesmutter erschienen war, die durch ein Ecce-Homo-Bild, einen weinenden Christus zu heftigsten Visionen hingerissen wurde, die immer sah, was kam auf Erden (und wie alle echten Seher unendlich darunter litt) – und der nach ihrem Tod mit 69 Jahren das Wunder des frisch fließenden Blutes aus ihren zu Lebzeiten empfangenen Stigmata (die Wundmale Christi!) glaubhaft nachgesagt wird.

– 4 –
Mystische Versenkung!

Die Klärung der Frage, was denn Mystik sei, ist selbst schon Mystik, jedenfalls scheint es von undurchdringlicher, mystischer Verschiedenheit, was die Autoren und »Kenner« wahrer Mystik so meinen (etwa: »Wahre und falsche Mystik«, a.a.O.) Aber muss denn etwas so Wunderbares, so herrlich Numinoses geklärt sein? Ist es nicht eben der Reiz, hinzugehen, zu fühlen, fühlend zu entdecken und mystisches Erleben nach-zu-ahnen!
Versenken Sie sich in das Hochaltarbild (Altarblatt), also das zentrale Gemälde direkt vor ihnen:
Mittig das Kreuz, welches Christus allerdings in sichtlich entspannter Haltung hält, eher schon sich anlehnend. Neben dem Erlöser weilt Gott mit einer voluminösen Weltkugel, die, ganz im Sinne der magischen Kugel, in ihrem Inneren ein weiters Geschehen zeigt.

Welches? Finden Sie es selber heraus ...

– 5 –
Mystik der Dreiecke

Genau hier sollten Sie einen Stadtplan (oder den Plan dieses Buches) betrachten und über die Kraft, den versteckten Sinn und die Botschaft der »Münchner Kirchendreiecke« (die sich alle bei St. Michael treffen) sich versenken.

Meine Münchner Kirchen-Übung:
Erinnern Sie sich? Am Anfang des Erlebnisses »Dreifaltigkeitskirche« stand ich zwischen zwei Säulen und war selbst die Mittelsäule, durch welche atemberaubende Energien – mich durchlaufend – nach oben flossen. An welchen Stellen gelingt mir dies Spiel erneut?
Genau da stelle ich mich hin, kerzengerade, aber nicht steif, vor allem sehr bewusst.
UNA TRES CONFICIUNT – Drei vollenden eins:
An welcher Stelle bin ich »das Dritte«!
Andere Übung: Ich spreize die Arme so vom Körper weg, dass zwischen Kopf und Fingerspitzen ein Dreieck entsteht, oder ein »A« ...

Religiöse Wirklichkeit des Überlebens:
ABYSSUS ABYSSUM INVOCAT: Der doppelte A-Klang. Ich mache mir klar, dass der Abgrund zwar erschreckend ist, dass hier aber Neues, Besseres entstehen kann. Chaos ist durchaus schöpferisch. Und Gott ist es auch.
Gott klingt, denn er spricht werdend. Am Anfang war das Wort. Also der Klang.

Ausgangspunkt:
Pacellistraße, etwa hundert Meter links vom »Bayerischen Hof« entfernt (Promenadeplatz); vor dem seltsamen Portal mit den zwei Säulen.

Einkehr:
Dem Mystiker wird der Weg gewiesen. Vielleicht Weißwürste im Franziskaner?

Besonderheit:
Alles dreiheitlich, dreifach, dreieinig ... und doch einzigartig! Ich mache mir genau hier, angesichts der Drei-Faltigkeit, das Geheimnis der Münchner Kirchendreiecke (s.a. Nachwort) klar.

Tipp:
In dieser eher kleinen Kirche die Einsamkeit suchen. Die wahrhaft magische (natürlich dennoch christliche) Räumlichkeit verträgt keine großen Gruppen.
Und wenn: zu dritt.

Die Michaelskirche

Eine Speerspitze zeigt auf den magischen Punkt und Sie erfahren, dass Drachen-Energie letztlich die Energieform unserer Erde ist.

– 1 –
Der Ort nimmt einen mit!

Wenn Sie es gewohnt sind, magische Orte im Umkreis von München oder gar Kraftorte und energetisch geladene Zonen in ganz Bayern zu besuchen, dann wissen Sie, dass der »besondere Ort« in der Stadt immer anders wirkt. Und anders gefunden werden will. Alles kommt komprimierter auf Sie zu, vieles wurde im wortwörtlichen Sinne überbaut und der Ablenkungen sind gar viele!

Dafür warten in großstädtischer Umgebung Hinweise und Symbole natürlich zahlreicher darauf, von einem wissenden Auge gesehen und gedeutet zu werden:
Welche Art von Gebäude? Welcher Stil? Wie ist der Platz gestaltet, wie die bewusste Umbauung des gesuchten Kleinodes gestaltet? Welche Symbole, Details, Skulpturen ...?
Um es kurz zu machen, die Kirche St. Michael in der Fußgängerzone bedeutet ein Eldorado für Kraftort-Gänger und energetische Geniesser. (Ein Freund von mir gebraucht den Ausdruck »Kraftort-Junkies«: drastisch diese Wortwahl, aber ziemlich treffend!) – Mehr noch: Hier kommen auch die hart gesottenen, hingabe-gewohnten König-Ludwig-Freunde auf ihre Kosten. Davon gleich mehr.

Schon der Platz! Sogar der eilfertig Vorbeieilende merkt, dass hier, vor und hinter der bekannten monumentalen Front, jener berühmten hoch in den Föhnhimmel aufgegiebelten Spätrenaissance-Fassade, Gewaltiges passiert.
Und so ist es denn auch. Der Ort packt einen und nimmt einen mit.

– 2 –
Die Pfählung des Drachens

Sofort fällt in der Mittelnische die gewaltige Skulptur Hubert Gerhards auf. Diese zeigt, ebenso filmreif wie ein bekanntes Rubens-Gemälde in der Alten Pinakothek, den »Höllensturz«, also den rüden Hinauswurf des fallenden (Gefallenen) Teufels durch einen entschlossenen Erzengel Michael.
Sehen Sie die Szenerie jetzt aus den Augen des Energetikers: Dies Buch will Sie schließlich lehren, die »Welt hinter der Welt« zu entdecken.

Der Platz samt der Kirche liegt mitten auf einem Schnittpunkt zweier Energielinien. Die Fußgängerzone, also ehemalige Kaufinger Straße, ist eine solche, wenn auch zumeist durch negative Energien unpassender oder zugrunde gehender Geschäfte nicht viel davon übrig geblieben ist ... Solche Kraftlinien werden verschieden benannt:
Schlangenlinie, Ley-Line, Wachstumslinie, Gitternetz, Drachen(!)-Linie:
Dann ist »der Drache« nicht mehr das Böse schlechthin, er stellt die positive Erdkraft dar. Das Weibliche, Mütterliche, Aufnehmende und Gebende.
Solche Drachen-Energien lassen sich, wenn man den rechten Punkt weiß, pfählen, das heißt: Lebens-spendende Erdkraft wird am richtigen Fleck bewusst nach oben geleitet. Seit jeher die Funktion von Kirchtürmen, Bäumen, Stelen, ... neuerdings auch von Handy-Masten.
Und wer pfählt hier den Drachen? Eben der gestrenge Michael. Ein schönes und aussagekräftiges biblisches Motiv – dahinter aber die geheime Botschaft: Kraftort, Drachenlinie, Erdkräfte!

Sie wollen etwas erleben, und zwar gleich? Dann stellen Sie sich an die genau be-deutete (!) Stelle, wie sie durch die Speerspitze des Michael gekennzeichnet ist.
Spüren Sie es? Ein Ziehen, gleichzeitig Beengt- und grenzenloses Erweitert-Sein, eine Art Schwindelgefühl stellt sich ein.

Da ich diese Thematik bereits ausführlich in grundlegenden Kraftort-Büchern behandelt habe, sei es hierbei belassen.

(Siehe »Wunderwege in Bayern«, München 2002, S. 90–94; auch »Der Teufelstritt. Münchner Stadtsagen«, München 2001, S. 51–54)

– 3 –
Und innen schwingt Sie das Tonnengewölbe in Trance

Derart aufgeladen, treten Sie ein durch eine der schweren ehernen Türen. Das gewaltige Gotteshaus mit dem zweitgrößten Kuppelgewölbe der Welt hat es in sich. Und je öfter Sie hierher finden, desto mehr beschenkt der schier unglaubliche Kraftbau Sie mit überwältigenden Energieschüben.

Macht!
Die Kirche ist nicht nur mächtig in der Wirkung, sie repräsentiert auch eisernen Machtwillen. Der fromme wie prunksüchtige Herzog Wilhelm V. wollte mit dem Gewaltbau der jungen Gegenreformation im Norden, dem noch jungen Jesuitenorden und sich selber ein Denkmal für immer setzen.
Und irgendwo ist hier ein Schatz eingemauert: »... Sie haben mir die Augen verbunden ... an einem geheimen, nur ihnen bekannten Orte habe ich dann den prächtigen Schatz in uraltes Steingemäuer eingefügt ...«, so berichtet ein Maurer von damals.
Können Sie zwischen den Zeilen lesen?

Kunstgeschichtlich ließe sich hier stundenlang referieren: »... Quertonnen überwölben die Emporen über den Seitenaltären. Dem hohen Querhaus folgt ein tiefer, steiler, eingezogener Chor. Diese Elemente erzeugen Raumwirkung ...«
(Prestel Städteführer München, München 1987, S. 75)
Die Raumwirkung ist nicht nur überwältigend, sie wirkt gezielt auf ihre Psyche – vielleicht gar die Seele. Allerdings sehr positiv und hebend. Erden Sie sich am Wasser. Dazu finden Sie sofort im hinteren Bereich eine weit ausladende bronzene Weihwasserschale, die würdig vom hoch aufgerichteten Weihbrunn-Engel bewacht wird. Verweilen Sie hier unbe-

dingt einige Minuten und bald werden Sie von einer stark linksdrehenden Energieform umgarnt, umspielt, schließlich dominiert, Energie, die zugleich nach unten wie auch nach oben wabert.

Schauen Sie immer nach vorne und behalten das furiose Engelsturz-Altarbild im Auge:
Der Altar zieht das Auge wie magisch auf sich, und dies ist so gewollt. Aber Vorsicht: Ihr Bewusstsein kann sich in dieser phantastischen Kirche mit der gigantischen, Ihren Kopf und Ihr Denken überlagernden, über zwanzig Meter frei gespannten Tonnenwölbung leicht ändern. Trance-Zustände nicht ausgeschlossen, Sie wären nicht der erste, dem hier solches widerfährt!

Drachenmotiv in der Rundung des Altarraumes, Drachenstichmotiv in der Rundnische außen: Können Sie sich denken, wie hier die »Drachenlinie« verläuft?
Richtig, Sie haben die Lösung selbst gefunden.

Setzen Sie sich in eine der hinteren Bänke, da ist die Energie am stärksten – und Sie behalten den Überblick. Achten Sie auf Ihre Gedanken. Diese werden weiter, großzügiger, liebevoller. Vergessen Sie jedes Werten über Mitmenschen, jede Einordnung.

– 4 –
Und in der Gruft bleibt die Zeit stehen!

Jetzt sind Sie reif! Erleben Sie dann den Höhepunkt der Kirche von St. Michael, der allerdings in die Tiefe führt. Die Fürstengruft.

Schreiten Sie andächtig die Mittelreihe entlang nach vorne und Sie finden rechts in der Nähe eines deckenhohen Rundbogens den Eingang in die Welt des Numinosen, des Geheimnisses, des Mysteriums.

Nun sind Sie da. Die Stimmung, Schwingung hier lässt sich nicht mit Worten schildern, nur erleben. Kommen Sie! Nun befinden Sie sich direkt unter dem Chor und es grüßt Sie aus der Anderswelt: Herzog Wilhelm V., Kurfürst Maximilian I., und natürlich König Ludwig II.!
Da liegt er, der Märchenkönig. Oder etwa ...?

Ist der Sarg leer oder nicht? Es wurden schon heimlich Kameras unter den monumentalen Bronzesarkophag geschoben: Tatsächlich, die Spuren von Manipulationen sind handfest dokumentiert ... die Antwort, die Wahrheit?

Finden Sie selber im Herzen, im Geiste, wenn Sie hier lange genug meditierend weilen. Doch Vorsicht. Sie stehen in einem Raum-Zeit-Tunnel. Uhren bleiben stehen, Sie erhalten das »Dritte Gesicht«, werden hellsichtig.
Das macht der Ort. Sie müssen wissen: Der Ort nimmt einen mit.

Meine Münchner Kirchen-Übung zur Michaelskirche:
Die Drachen-Energie nach oben leiten! Aber diesmal bitte ohne Gewalt. Ich suche mir »meine« Stelle vor oder in der Michaelskirche, stehe gerade wie eine Lanze – und lasse die Drachen-Kraft durch mich nach oben fließen. Ein äußerst belebendes Gefühl durchpulst meinen Körper und meinen Geist.

Religiöse Wirklichkeit des Überlebens:
Alles ist anders wie man denkt und wie es zu denken vorgegeben wird. Dort, wo Michaels Lanze hinzeigt, ist Lebens-Energie pur. Und in der Fürstengruft: Zeit ist nicht gleich Zeit. Es gibt Parallel-Welten und ich darf mir die richtige davon aussuchen. Nur wissen muß ich das.

Ausgangspunkt:
Portal der Kirche St. Michael, im Angesicht des Höllensturzes, des Richard-Strauß-Brunnens – und zumeist eines Bettlers, der auf den Stufen des Portales der Kirche sitzt. Nehmen Sie ihn ernst: Der Hüter der Pforte.

Einkehr:
Augustiner, ganz in der Nähe, gegenüberliegende Seite.

Besonderheit:
Schwingung total, durch die gewaltige Rundkuppel-Tonnenwölbung. Und – siehe Text: Der Schatz, der wahre (!) Schatz liegt im eigenen Geiste begraben: finden Sie ihn! Sie müssen dazu den richtigen Ort erkennen.
Eine Sache der Schwingung und Resonanz. Wenn das Rumpeln und Zittern zunimmt, ist es kein spiritueller Durchknaller, keine umgefallene Schatztruhe, auch kein entlaufener Drache; sondern die U-Bahn.

Tipp:
Nie daran vorbeigehen. Fünf Minuten Michaelskirche und der Tag gewinnt neue Lebens-Aspekte. – Denken Sie an den verborgenen Schatz und Sie finden ihn.

Der Alte Peter

Das Petersbergl mit der München prägenden Peterskirche ist Kraftort genug, um eine Weltstadt aus dem Nichts entstehen zu lassen.

– 1 –
Außenbereich: Fassade und die gefährliche Energie des »Petersbergl«

Hingehen lohnt immer: Gegenüber vom Hugendubel, genau am Petersplatz zwischen Fußgängerzone und Rindermarkt, wächst der eigenartige, aber so typisch das Stadtbild prägende, gräuliche, wörtlich grau-enhafte Turm nach oben, in den gefiederten Föhnhimmel hinein; mit den typischen Schrägdachablegern auf halber Höhe:
Nach langer, dramatischer Bau-, Vernichtungs- und Immer-wieder-Aufbaugeschichte entstand diese heutige Form, bestehend aus Sockel (Raum des Türmers), Kuppel, Laterne und der bekannten schlanken Turmspitze, auf die es der Teufel immer schon abgesehen hat.

Im Volksmund immer nur »Der Alte Peter« genannt, muss dieser durchaus malerische Turm für ziemlich alles herhalten, was die offizielle zu vermarktende (und leider oft nur sogenannte) »Münchner Gemütlichkeit« zu bieten hat. »So lang der Alte Peter ...«, beginnt ein liebenswertes Schunkel-Lied. Und endet mit der beruhigenden Feststellung: »... stirbt die Gemütlichkeit / In München niemals aus ...«
Wirklich?
Die Energien? Gemütlich? – Inzwischen sind Sie, lieber Leser, geschult genug, um sich selber ein Urteil zu bilden. Und?

Richtig. Hier am Eingang zum Aufstieg nach Oben herrscht eine sehr eigenartige, zwiespältige Energieform. Und wer »schlecht drauf« ist, der sollte sich an solchen Plätzen in schwachen Momenten der Seele gar nicht erst aufhalten. Viele haben dies an der Stelle schon mit dem Leben bezahlt, bevor oben handfeste Gitter montiert worden sind, die Schlimmeres verhindern.

Aber damit genug mit der negativen Seite der Energie. Dies alles rührt daher, dass wir es mit einem Kraftplatz par excellence zu tun haben, einem magischen Ort im klassischen Sinne. Ein Platz, dessen ungeheure Stärke und Einfluss auf das Unterbewusste fast von jedem unterschätzt wird, der hierher kommt.
Solche Orte, Plätze und energetischen Felder haben immer zwei Seiten, sind bi-polar, so wie eine Heilpflanze sowohl tödliches Gift enthalten kann als auch (in der richtigen Dosierung zur rechten Zeit zur Anwendung gebracht) jenes wundersame Quäntchen Überlebens- und Heilungskraft, das den Patienten rettet, heilt, gesunden lässt.
Lassen Sie den Turm und seine immense Abstrahlung auf sich wirken, aber setzen Sie das gesamte Petersbergl wirklich nur dann auf ihr Magische-Kirchen-Erlebnisprogramm, wenn die Seele sich im Lot befindet. Sonst stellt sich schnell oder schleichend ein mentales Unwohlsein ein und Sie wissen den Grund nicht.
Sind Sie aber »stark«, dann können Sie sich hier einer wahren Achterbahnfahrt der Gefühle hingeben und – sehr positiv – konstruktive Pläne schmieden. Genau dies geschah hier schon immer. Starke Menschen am magischen Ort – und schon entsteht etwas. In dem Falle München.

Kommen Sie mit, wir schreiten links (im Uhrzeigersinn) um die Peterskirche herum: Vor dem Turm jene eigenartige wuchtig-bedrohliche Ausstrahlung, dann auf der linken, der nördlichen Seite zunächst energetische Neutralität. Je weiter Sie aber in Richtung Osten auf die Heilig-Geist-Kirche zugehen, desto mehr baut sich – trotz der okkult wirkenden verwitterten Grabplatten mit gekreuzten Knochen in der Wand – immer mehr etwas sehr Positives auf!

Die Kraft nimmt zu: Sie stehen jetzt wirklich auf einer leichten Anhöhe, dem Petersbergl. Die runden, pfeilerartigen

Rundtürme rechts und links der Apsis wirken wie Abschussrampen ins Jenseits. Und tatsächlich, zwischen Ostseite der Peterskirche und einem Café, das zum Viktualienmarkt-Areal gehört, ist die Schwingung des Ortes einfach großartig. Eine unsichtbare, aber spürbare linksdrehende Kraftspindel schraubt sich nach oben. Sie spüren Leben, Münchner Leben! Gehen Sie dann an der Südseite zurück: die Energien nehmen deutlich ab. Wir gelangen an den Eingang neben der Kasse für Turmbesteiger ...

– 2 –
... also treten wir ein

Gehen Sie an dem nahezu verwirrenden Angebot an Nischen, Figuren, Schaustücken vorbei bis zum Mittelgang, blicken Sie zu dem grandiosen barocken Hochaltar mit den ins Licht wachsenden Säulen und dem Gott-ähnlich thronenden Petrus in der Mitte.
Wenn Sie sich, trotz der Wucht, den weltberühmten Künstlern (Erasmus Grasser, Egid Quirin Asam, Johann Baptist Zimmermann, auch Ignaz Günther und viele mehr), die hier schufen, und all der schier unbändigen Pracht – wenn Sie sich, als Kraftort- und vor allem Gott-Sucher, in anderen Kirchen schon besser gefühlt haben – so bin ich nicht allein.
Spüren Sie die Energien all der Heiligen an den Mittelschiffpfeilern? Mit den dazugehörigen Marterwerkzeugen ?

Schreiten Sie den Mittelgang langsam nach vorne, Sie sind direkt auf einem Drachenpfad, also einer starken Erdkraftlinie, auch Schlangenlinie genannt.
Bleiben Sie dann stehen, wenn Sie genau unter dem »Dreieck im Kreis« weilen, ein klassisches Zeichen der Magie, das oben im Deckenfresko mit flammendem Lichtscheine überhöht und umleuchtet ist. Ein christliches Symbol? Nun, dies Buch soll keine Einleitung in weltbeherrschende Symbolik sein – indes, immer Vorsicht beim gleichschenkligen Dreieck, der Pyramide also. Wenn es sich um das zu erwartende christliche »Auge Gottes« handelt, dann ist stets die Basis, also die

Grundlinie des Dreiecks, breiter als die beiden nach oben abschließenden Schenkel.
Schreiten Sie weiter, setzen Sie sehr bewusst Schritt vor Schritt. Die Energien wechseln mit jedem Meter. Stellen Sie sich dann unmittelbar unter die Kanzel, hier an der rechten Seite der Mittelschiffpfeiler.
Hören Sie das eigenartige Rauschen? Unheimlich. Dies ist nicht nur ein Klangbild der Umgebung, das sich unter der Kanzel fängt, es ist ein Klang aus der Anderswelt.

Weiter vor zum Altar. Eine Himmelsleiter-Stelle, ein Stargate: die Energien reißen geradezu gewalttätig nach oben. Sie haben dies auch beim vorhergehenden Umgang außen an der Apsis-Seite spüren können.
Viel ist über diesen gigantischen Hochaltar zu sagen, der in jedem Gedanken eine Huldigung an Rom, an den Vatikan und das Papsttum darstellt.
Im Zentrum eines durch acht Säulen energetisch bis zum Bersten geladenen heiligen Raumes thront Petrus, der Apostelfürst, ein gotisches Schnitzwerk Erasmus Grassers.
Papsttum und München!
Aktueller denn je! Die Tiara, jene dreifache Krone des Papstes inmitten dieses Altares, wird immer beim Tod des römischen Papstes abgenommen – bis zur Amtseinführung des Neuen. Leben und Sterben des Papstes in Rom ... Sie können es spüren, hier mitten in München ... wenn Sie etwas über die Hintergründe wissen!

– 3 –
... denn was Sie hier spüren, hat seinen »Grund« und ist tief im Boden versteckt

Jene so besondere Stelle, die wir heute als Petersbergl (eben die unmittelbare Umgebung der Peterskirche) bezeichnen, hängt mit der frühesten Besiedelung Münchens zusammen.
Der dunklen Gründungssage folgend – besser: den sehr ungenauen Geschichten um eine früheste Besiedelung nach zu

schließen –, ließen sich hier am magischen Ort – und damit am Ort des Überlebens – Benediktinermönche aus der Gegend von Schäftlarn oder dem Kloster Tegernsee nieder, die vor marodierenden Scharen östlicher Völker (zumeist werden Hunneneinfälle genannt) in der Umgebung des heutigen Petersberges Zuflucht suchten. Ich habe in meiner »Münchner Stadtgeschichte« dem zu allen Zeiten die Phantasie anregenden Thema etwas mehr Raum gewidmet.

(Münchner Stadtgeschichte. München 1994; neue Bearbeitung: Münchner Stadtgeschichten, München 2004, »Vergangenheit und erste Besiedelung«, S. 14ff).

Die Mehrheit der Forscher vermutet hier eine Vorläufersiedlung der Gründungsstadt Heinrichs des Löwen – und tatsächlich: Bereits die frühesten Stadtsiegel und -wappen zeigen den bekannt-berühmten »Mönch im Wappen«.

Vor nunmehr bald fünfzig Jahren war es dann Erwin Schleich gelungen, in »St. Peter« die romanische Peterskirche in ihren Fundamenten auszugraben, es existieren also immer noch sprechende und vielleicht mehr denn je energetisch aufgeladene Steinzeugen »... die mindestens 100 Jahre vor der »Stadtgründung im Jahre 1158« zurückreichen und beweisen, dass der Münchner Boden auf jeden Fall im engsten innerstädtischen Bereich intensiv besiedelt gewesen sein muss ...«

(Kapitel »Das München von ehedem«. In: Peter Landshamer: München. Heimat und Weltstadt. München 1980, S.34)

Aus diesem spannenden Artikel zur Stadtgeschichte nun ein aufregendes Zitat zu den geschichtlichen und energetischen Wurzeln der Peterskirche, die der fühlende Kraftort-Gänger heute noch deutlich spürt:

»Von besonderem Interesse war, dass der Grundriss der Kirche das exakte verkleinerte Abbild der romanischen Mutterkirche im Kloster Tegernsee gewesen sein muss ...« (ebenda)

Da eben anzunehmen ist, dass ein so bedeutender Kirchenbau nicht einfach im (damaligen) »Münchner Urwald« entstand, dürfen wir die bisherige Lehrmeinung verlassen und eine bereits bestehende Ansiedlung um das damalige spirituelle Zentrum herum annehmen.

Lassen Sie Ihrer Phantasie und Intuition freien Lauf, das Ergebnis wird so falsch nicht sein!

– 4 –
Geschichte dieses magischen Ortes: einfach Sagen-haft … und teuflisch!

Dies soll kein geschichtlicher Abriss werden, die Historie und Sagenwelt des Platzes und Bauwerkes, vor dem Sie stehen, weist indes so eindeutig auf überirdische (auch recht dunkle!) Kräfte hin, dass ein kurzer, vielleicht auch warnender Hinweis nötig scheint:
Der große Stadtbrand von 1327 hat Chor, Dachstuhl und auch Türme der Kirche gnadenlos vernichtet. Jawohl, Türme, nicht Turm. Es existierte vorher ein Doppelturm, beim Wiederaufbau nach dem Brand wurden dann die beiden abgebrannten Turmstümpfe in Höhe des Dachfirsts – jener heute sichtbaren, so typischen und gotisierenden Doppelschrägen rechts und links des gegenwärtigen »Alten Peter« – neu errichtet.

Und auch die Sage verrät viel. Bei einem entfesselten Gewitter wurde der Türmer in einen wüsten und lebensgefährlichen Kampf mit Teufeln verwickelt, die den Turm umschwirrten, sich an dem wackeren Manne festkrallten und ihn in die Tiefe reißen wollten. Tatsächlich hat 1607 ein Blitzschlag die damaligen Turmspitzen zerstört. Und die Turmspitze stand schief. Der Teufel habe sie aus Wut verbogen, so die Sage.

Wer's recht okkult will und geheimnisvoll: Kraftort-Jünger wollen wissen, dass der Platz sehr aufladend und abladend zugleich sowie wasserziehend sei und Blitze wie jede Art von Energien magisch auf sich lenken würde.
Probieren Sie's also aus, aber, wie gesagt, nur bei guter Seelenlage – und selbstverständlich nicht bei Gewitter. Denn eins ist sicher: Das gesamte Areal zieht Energien »magisch« herbei. Alle Energien, die guten und die schlechten, und genau das ist die spürbare Stimmung hier.

Denn mit dem gesamten Areal, auf dem diese wirklich alte (die älteste) Münchner Kirche steht und von unzähligen Schicksalsschlägen ihrer selbst und der Stadt Münchens erzählt, betraten wir tatsächlich und historisch verbürgt, Münchens allerältesten Grund.

Meine Münchner Kirchen-Übung zum Alten Peter:
Dies ist ein Platz der Ahnen – und eine rauschende Huldigung an das Petrus-Papsttum Roms. Passende Übung: Ich stehe vor dem Altar und kratze mich nachdenklich am Kopf: wie passt das alles zusammen?

Religiöse Wahrheit des Überlebens:
Alles ist anders, wie es scheint. Schon die gemütlichende Bezeichnung »Alter Peter« verschleiert das Eigentliche. Finden Sie es.

Ausgangspunkt:
Vor dem Turm, dem »Alten Peter«, gegenüber der Straße, Hugendubel-Buchhandlung im Rücken.

Tipp:
Werfen Sie nochmals einen Blick auf den Altar: Zentral der Papst, unter (!) ihm, pyramidenförmig die Basis bildend, vier Kirchenfürsten; nochmals unterhalb (!) zwei Engel. Engel sind Gottesboten, göttliche Geister. Hier aber thront der Papst weit über den gottnahen Himmelswesen. Gnosis as usual. Vergessen Sie nie: Gott steht über dem Papst!

Einkehr:
Ganz in der Nähe befindet sich ein amerikanisches Fast-Food-Lokal. »Wie bitte ...?«, ruft der geneigte Leser aus.
Mir ist nach diesem verrückten Hinweis, für den Fall, dass ich wegen Wahrheiten in diesem Buch darauf hinweisen muß, es sei ja doch nicht alles so ernst gemeint.
Ernsthafterer Tipp: Weißes Bräuhaus. Passt doppelt, denn hier logierte der sogenannte Papst-Stammtisch, gingen Banker, Vatikanoide, Wissende ein und aus. Abhörsicherheit durch münchenseligen Geräuschpegel.

Die Münchner Asamkirche: Magisches Münchner Kirchendreieck mit St. Michael und St. Peter

Urige Portal-Felsen auf der Straße stehen für den Felsen Petri – und bedeuten den ausgewiesenen Kraftort!

Hätten Sie die Antwort auf folgende Frage gewusst: »Welche Kirche Münchens wird auf der Portalseite von echten Donau-Felsen gerahmt?«

Bei der Asamkirche in der Sendlinger Straße sollen und müssen Sie lernen und einüben, die »Welt hinter der Welt« zu sehen.
Dies im doppelten Sinne. Denn all die von dem Bildhauer und Stifter Egid Quirin Asam inszenierten Spielchen der Täuschung, der berechneten Illusion und Ablenkung, sie finden eine (unfreiwillige?) Steigerung in dem kunstgeschichtlichen »Kunst«-Deutsch der gedruckten Kirchenführer, der hochgelehrten Artikel und sonstigen Beschreibungen. Der Rest ist ein nimmer endender Expertenstreit ob der Richtigkeit der letzten Restaurierung dieses kirchenbaulichen Kleinods nach dem zweiten Weltkrieg.
Vergessen Sie das. Gehen Sie hin und lassen sich treiben vom Spiel der Kräfte! Und das ist gewaltig.

– 1 –
Der Eingang

Zwischen Asam- und Priesterhaus fällt die Portalseite der Kirche mit einer Fassade, die so überraschend den heutigen Esoteriker erfreuen kann, sofort ins Auge. Die Asamkirche bietet nämlich eine Raum-, Zeit- und Geheimbundsymbolik, die zumeist – eben wegen der überbordenden kunstgeschichtlich einengenden Sichtweise, die von barocken oder rokokohaften Inszenierungen, Tricks, Weltsichten und Augentäuschungen erzählt – schnell übersehen wird.

Eckpilaster rechts und links scheinen aus aufgetürmten Felsen zu entwachsen. Schreiten Sie auf die gegenüberliegende Straßenseite. Das Portal hat etwas von einem Grotteneingang: »Der bildhafte Charakter der Fassade wird hervorgehoben von den unbehauenen Steinbrocken ...«, berichtet der offizielle Führer.
(Asamkirche München. Schnell-Kunstführer Nr. 1277, 1989, S. 6)
Der »unbehauene« Steinbrocken! Der unbehauene Stein, der dann zum behauenen Stein, schließlich zum Wissen des Eingeweihten über das Geheimnis des behauenen Stein(quaders) wird. Und schon haben Sie das Spiel Lehrling, Geselle, Meister – halt, wir reden ja über eine christliche Kirche.
Aber Sie sollten den meditativen, spirituell-symbolhaft hinweisenden Impuls dieser Felsen ernst nehmen. Donaufels, eine Anspielung auf die Festigkeit des Ortes, überhaupt auf den magischen Ort – und die Masse. (Erinnern Sie sich: Geschwindigkeit und Masse beeinflussen den Zeit-Fluss – suchen Sie in diesem Buch die Parallelen.)
Wenn Sie's christlich ausgelegt haben wollen: Der Felsen Petri, natürlich.

Schreiten Sie nun langsam auf das Portal zu (natürlich beachten Sie dabei den Verkehr!), gehen Sie zwischen den Felsen hindurch und sehen Sie nach oben. Ein Spiegelwerk mit Sternenhimmel über den Säulen des Tempels, als ästhetisch verbrämte Lichtschranke, die den Eintretenden abtastet und im wörtlichen Sinne belichtet, bespiegelt. Seien Sie sich beständig bewusst, dass Sie hier beim ersten Betreten der Asamkirche bereits einem (Licht)Spiel ausgesetzt sind, das Sie transformiert. – Während Sie vielleicht glauben, mit wissendem Verstande über die architektonischen, kunstgeschichtlichen und ikonographischen Finessen zu räsonnieren.

– 2 –
Der Vorraum

Der Vorraum! Extrem abladende Kräfte ziehen nach unten, ein Platz der seelischen Läuterung, in der Mitte des Ovals eine Teufelstritt-Stelle ähnlich der im Liebfrauendom.
Über ihrem Haupt die kreiselnde Sonnenscheibe, überraschend zeitgemäße Esoterik und Symbolik, die uralt ist. Rechts und links dunkelholzige Beichtstühle: hier können Sie Ihr Kraftort-Gefühl justieren und sich genau einprägen, was denn eine »abladende« Stelle ausmacht. Bei Beichtstühlen in Kirchenräumen spüren Sie fast immer diese eigenartig negative, selten bergende Gefühlslage des Ortes. Seltsam?

Weder das kunstvolle Gitter noch diese reichgeschnitzten Beichtstühle erheben die Sinne, aber es geht ein seltsam zentrierender Zauber, eine dunkle Innerlichkeit spirituellen Weltenwissens von diesem Raum aus, von jener Vorhalle des Tempels, die alle Gedankenkraft der Asamkirche gleich einem »morphogenetischen Fokus« zentriert!

Die dunklen Beichtstühle wirken wie ein Notenschlüssel; ihre Symbolik, auch die der dargestellten Gestalten detoniert förmlich im Innenraum zu einem barocken, sinnlichen, vergänglich-lüsternden Crescendo der Freude, der Verzweiflung, der Angst, Buße, der Vanitas.

Tod. Gericht. Hölle. Himmel.
Darum geht es hier, gedankenspindelnd, weltklammernd und weltverloren; in einem Wirbelsturm der Kräfte, der geistigen und der geomantischen: es entsteht ein gewaltiger Sog ins »Jetzt-bin-ich-aber-was-dann ...?«, ein Sinnfindungsloch, dem sich keiner mehr entziehen kann!

– 3 –
Das Innere

Seien Sie vorsichtig und betreten Sie nur bei guter Seelenstimmung diese Kraft-Kirche. Denn gleich einer Droge wird jede bestehende Stimmung enorm hochtransformiert und verstärkt! Die Asam-Kirche (1733–46 von E. Q. Asam als Privatkirche gedacht) ist ein Kraftwerk, ein nicht ungefährliches Umspannwerk der Psyche.

Betrachten Sie die rechte Nische des Hauptraumes: MORS PECCATORUM PESSIMA (der Tod der Sünder ist besonders schrecklich). Solch eindeutige Schrift auf einem Band ablesend, blickt der bereits paralysierte Betrachter von unten hinauf zur schwarzen Theaterbühne des Weltgerichts. Der marmorweiße Tote schraubt sich in dumpfer Verzweiflung, in einer Verzückung und ekstatischen Hingabe der überfälligen Reue und des verspäteten Wissens über das nicht mehr gut zu Machende; der Gepeinigte windet sich aus dem offenen Sarg und schreit seinen Schmerz dem zurückschreckenden Bruno zu.
Die Szene: schrecklich. Der Platz an dieser Stelle aber: seltsam hebend. Diese Kirche verwirrt. – Oder aber ist es die Klarheit der Aussage, die eine Reinheit im Denken schafft und damit Klarheit in der Seele?

Nun lassen Sie sich von dem detailüberbordenden Innenraum, den der unvergessene Professor für Bayerische Kirchengeschichte, Benno Hubensteiner mit einer »aufrecht stehenden Zigarrenkiste« verglichen hat, gefangen nehmen.

Fangen! Der Sakralraum ist wortwörtlich ver-fänglich. Immer wieder fängt das Lichtfenster über dem Chorraum den Blick. Der »Lichtblick« war vor der hochumstrittenen Restaurierung nicht zu sehen, ist aber energetisch genial eingebracht. Die kulissengleiche Inszenierung von Säulen, Gestalten, Ornamenten und Schnitzereien des magischen Chorraumes wird zum Wellenspiel der Reflexe und Lichtstreichelzonen.

Gehen Sie die Energien des Raumes ab! Besonders zwischen der ersten Stuhlreihe und der Altarschranke entsteht, trotz der Enge, ein Gefühl von Freiheit und Geborgenheit in Gott. Trotz der hebenden Stelle: zumeist bleibt die Asamkirche an allen Ecken und Enden abladend. Die vielen Beichtstühle, auch im Innenraum, tun ein Übriges.
Laden Sie sich im Vorraum ab, laden Sie sich beim Beichtstuhl links im Hauptraum ab, sehen Sie die Schmerzensmann-Grotte ... werden Sie frei von Sünden, allein, indem Sie da sind.

Dann entfliehen Sie der Dunkelheit, die sich noch geistig ins Absurde steigert, wenn Sie sich in die verzistelten Beschreibungen des Kirchenführers vertiefen.

Schreiten Sie nach hinten, zum Ausgang, zum Licht: erst hinterher werden Sie merken, dass der Gang in die Asamkirche und vor allem der »Ausweg«, der Rückweg zurück ins Licht, eine Einweihung bedeutet, ähnlich derjenigen bei der Pollinger Friedhofsgruft.

Und dann, wieder im Vorraum, bemerken Sie die goldene Zeit-Symbolik.
Die Zeit schneidet den Faden ab! Sie werden diese aussagekräftige Allegorie, die in glänzendem Blattgold aus der Umgebung hervorleuchtet, sofort beim Hinausgehen links auf halber Höhe des Vorraumes in Ihr Herz dringen sehen – und fühlen.

Und so findet sich alles zusammen. Bereits beim Eintreten wird der suchende Pilger durch die schweren Donaufelsen rechts und links der Tempelpforten auf das Zeit- und Massemotiv gestoßen. Nun, nach dem spätbarocken Sünden- und Bußespektakel der Asamkirche, nach einer geradezu wolllüsternen Hochzeit des Abladens, Beichtens und Bekennens (Bekennens wovon eigentlich?), »schneidet die Zeit den Faden ab«.
Zeit ist nicht gleich Zeit, das wissen Sie inzwischen.
Nach den drei Dimensionen der erlebbaren Materie die vierte, die bewegte und bewegende Dimension der Zeit – und

dann – erwarten den Mystiker unzählige zeitlose Informationsdimensionen.
Geistdimensionen, spürbare, erfahrbare; keine aber ist begreifbar.

Es spielt ein unergründlich' Ding aus aller Zeiten Fluss in unser Jetzt hinein.

Wann? Wie? Wo?
Genau hier. Nur für Sie, der Sie hier stehen oder lesend imaginieren. Nutzen Sie die Zeit, die Ihnen hier auf Erden (noch) bleibt.

Welche neuen Gedanken lasse ich an der Asamkirche zu:
Münchnerisch: Nix is, wia's is – Nichts ist, wie es ist, wie es ausschaut oder uns aufgeschwatzt wird. Nicht nur hier. Lernen wir wieder sehen!

Passende Übung:
Nur in einer der Bankreihen sitzen, geradeaus schauen. Spüren! Die zahllosen kunstgeschichtlichen Details lenken zu sehr von der enormen Erdkraft ab. Fühlen Sie den Boden, den Himmel, die Wände, das rasante Sich-Auflösen der Wände – und fliegen Sie! (im Geiste, natürlich).

Ausgangspunkt:
Direkt beim Felsenportal der Asamkirche, zwischen den Säulen, Sendlinger Straße 32.

Anstieg:
Keiner.

Einkehr:
Wenige Meter weiter, Richtung Sendlinger-Tor-Platz: Spatenhaus. Uriges Sitzen, sehr reelle Preise, Mittags-Schweinsbraten im 5-Euro-Bereich. Einweihung und Schweinsbraten; na ja. Wer's mag, vegetarische Kornkost, nicht weit weg, gleich um's Eck.

Wie komme ich hin?
Vom Marienplatz aus (jede S-Bahn, die meisten U-Bahnen). Schreiten Sie zu Fuß in südwestlicher Richtung bis zum deutlich sich hervorhebenden Felsenportal der Asamkirche.

Die Theatinerkirche St. Kajetan

Klangkörper des Geistes
am magischen Platz

– 1 –
Aktives Bewusst-Sein auf einem klassischen Kraftort

Wohl keine Kirche in München atmet so unnachahmlich spürbar die Energie des Platzes, der wie ein wohl gesetzter Notenschlüssel die spirituelle Tonart vorgibt und so die wunderbare Fassade zum Klingen bringt. Ein Klang der Schönheit, denn hier ist alles Harmonie.
Gehen Sie hin, lassen Sie sich vom Odeonsplatz gefangen nehmen und »sehen Sie mit den Ohren«: Alles ist eine Sache der Resonanz. Optisch, geistig und akustisch sowieso.

Inzwischen wissen Sie: Geometrie bedingt Klang – und Klang schafft Geometrie (siehe Vor- und Nachwort und zentrale Botschaft dieses Buches).

Stellen Sie sich mit wachem Bewusst-Sein auf den Odeonsplatz, die ideale – die wahrlich magische! – Stelle ist als Kreis im Pflaster gekennzeichnet – und hören Sie!
Erst in sich hinein hören und dann nach außen ..., wie kurios wirken plötzlich all die Passanten, die, ohne bewusst zu sehen und zu spüren – und zu leben –, über den magischen Ort hetzen, Richtung U-Bahn, Richtung Marienplatz ... ; wie sehr sie »in der Welt« leben.

Wir aber wollen, anhand der geheimen Botschaft von Kirchen und Plätzen, die Welt hinter der Welt finden.

– 2 –
Das dunkle Raunen der Geschichte

Der geistig-historische Rang, den dieser wahrhaft magische Platz (er ist weder christlich noch anheimelnd-münchnerisch geprägt; er ist machtvoll, magisch geplant und mit wüsten Ritualen aufgeladen bis heute) – der dunkle Rang, den der sonst so helle Platz in der jüngeren deutschen Geschichte einnahm, soll hier nicht näher erläutert werden.
Bestimmt ist es aber kein Zufall, dass so Bedeutung tragende Ereignisse, derart dramatische Wendepunkte wie der Marsch auf die Feldherrnhalle, genau hier Inszenierung und spektakuläre Klimax fanden.

Spüren Sie die Abstrahlung der Feldherrnhalle? Jener genialen Idee Friedrich von Gärtners, der Ludwigstraße mit einem Doppel der Loggia dei Lanzi in Florenz solch einen dauerwirksamen wuchtigen Grundklang zu verleihen? Hören Sie das dunkle Raunen der Geschichte. Nicht der Vergangenheit, sondern der lebendigen Gegenwart.

Wen bewachen die beiden mächtigen Steinlöwen? Richtig: Genau jenen magischen Kreis, auf dem Sie immer noch stehen und dabei all die Macht Münchens, seiner Historie (auch der durchaus okkulten Wurzeln) überdeutlich spüren; diese imposanten, mähnen-edlen männlichen Löwen, Könige der Tierwelt sowie der Herrscher- und Kraftsymbolik, sie bewachen und beobachten würdig die Kraft der Ludwigstraße und eben auch der hier sich in den Himmel streckenden raumklingenden Kirche, die Sie, lieber aufgeschlossener Leser, nun gleich betreten werden.

Wenn Sie die Theatinerkirche schräg von oben betrachten – vielleicht gar aus dem Münchner Himmel ...? –, dann ergibt sich ein Rundtempel, dessen Allerheiligstem mit der hochfahrenden Rundung eine weite Vorhalle vor-gesetzt ist, die links und rechts neben dem Eingang, der Pforte, von mächtigen Säulen (Türmen) energetisch geladen und abgeschirmt wird.

Und wieder der Bettler am Tor. Erinnern Sie sich an die Pforte der Michaelskirche? Betrachten Sie diese sozialen Außenseiter nicht als das, was sie scheinen, sondern als Wächter der Pforte.
Geben Sie, egal wie Sie sonst über Bettler denken mögen. Wenn dich einer um etwas bittet, so gib ihm, mahnte schon der Gottessohn.
Als Lohn wurde mir die Erkenntnis geschenkt:

Die Kirche ist *gewestet!*
Richtig: alle Kirchen sind mit dem Altar nach Osten ausgerichtet (orient-iert). – Hier aber treten Sie im Osten – also vom Odeonsplatz her – ein, schreiten dann – altarwärts – gen Westen, hin zur unter(!)gehenden Sonne ...
Der Altarraum der Rundtempel, das Allerheiligste (und genau darunter die Grablege der Wittelsbacher mit Max Joseph I.) in einer »umgedrehten« Kirche.
Überlegen Sie selber, was »umdrehen« im theologischen Sprachgebrauch bedeutet. Hier wird die umgedrehte Welt, in der wir leben, rituell vorweggenommen.

– 3 –
Also treten Sie ein!

Strahlende Helle umfängt den staunenden Münchner Kirchenpilger. Der allererste Eindruck ist diese allumfassende weiße Pracht des erhabenen und weit schwingenden Sakralraumes. Kein Zufall! Pracht war hier immer schon geplant, denn die Kirche entstand aufgrund eines Gelübdes und zum Dank für den ersehnten Thronfolger Max Emanuel (1662–1726).
Ein weiterer Grund für die Helligkeit ist nicht materiell und auf weiße Tünche zurückzufühen: Diese Helligkeit kommt von oben, von innen, von Gott.

Und nicht zuletzt die dabei beteiligten Genies der Kunst und Baukunst sorgten für das magische innere Leuchten: Namen wie E. Zuccali, dann F. Cuvilliés (der Ältere und der Jüngere), sie zeichneten für die grandiose Fassade, jenes gelb getünchten, zumeist eine strahlende »München-leuchtet«-Sonne reflektierenden Klangwerkes der Ästhetik, das uns soeben einstimmte und das seelentreffende Hell des Inneren vorwegnahm. Bei der Figurengestaltung dieser weltberühmten Fassade schuf kein Geringerer als Ignatz Günther mit.

Nun aber haben wir entschlossen die Tempelschwelle überschritten, es wirkt der Innenraum – und wie er das tut! Lassen Sie sich von diesem typischen und eigenartigen Weiß ruhig gefangen nehmen, Ihr Unterbewusstsein ist nun für den folgenden Rundgang zentriert:
Ich empfehle einen Rundgang im Uhrzeigersinn, es erschließt die St. Kajetan-Kirche sich so am besten und Sie werden weiter vorne (in der Nähe des Allerheiligsten), wenn Sie den Kuppelplatz queren, überrascht sein und überwältigt von der Wucht der Resonanz, die sich dort ständig aufbaut.

Suchen Sie sich Ihre Lieblingsstelle an den Seitenaltären. Der mittlere des linken Schiffes zeigt in monumentaler Darstellung die Kreuzabnahme Jesu Christi und ist deshalb ernst, abladend, irgendwie auch drückend. – Oder weiter vorne der Kajetan-Altar?

– 4 –
Zentralkuppel, Tempelbereich, Allerheiligstes

Ich persönlich gehe zügig nach vorne, um vom Kirchenboden unter der gewaltigen, rundbogengetragenen Zentral-Kuppel jedes Mal neu beschenkt zu werden.
Das »Schwingen« hier unter der Rundkuppel ist keine Einbildung, die esoterischem Gedankengut entspringen mag, es schwingt hier tatsächlich der Boden, alles vibriert, das kommt von dem Hin und Her der sich ausbreitenden und verfangenden Laute, aber auch der Gedanken, Gebete und verschiedensten Kräfte des Geistes, wie sie genau hier durch eine der Peterskirche nachempfundenen Rundkuppel genial gesammelt, wesentlich verstärkt und in alle Richtungen verschickt werden!

Und nicht nur das. Wenn Sie sensibel sind und einigermaßen geschult im Aufnehmen von Kräften an »Magischen Orten«, dann kommen Sie hier gewaltig auf Ihre Kosten. Mehr als Sie ahnen konnten.
Denn unter der Kuppel schwingt der Odeonsplatz mit, es rumort die wechselvolle Geschichte der Stadt, es wirkt die nahezu bedrohlich starke Urkraft der Längsachse Marienplatz/Mariensäule – dann aber auch Theatinerkirche/Feldherrnhalle/dazu Odeonsplatz–Ludwigstraße –, schließlich Ludwigskirche und Universität als geistige und sakrale Hochburgen. Das Siegestor als »Katalysator«, um es im modernen Gewand auszudrücken.
Münchens stärkste energetische Linie, ein Drachenpfad der Geschichte, hier im Inneren der Kirche positiv transformiert. Klang und Geometrie, Sie wissen schon:

Betrachten Sie St. Kajetan mit der schwingenden Rundkuppel wie einen überdimensionalen Klangkörper (sounding board) eines von genialer Hand gefertigten Instruments, die Ludwigstraße als Saite, die beständig gespielt wird: Zum Schwingen gebracht vom Verkehr, von den Ereignissen der Geschichte und der Geistesgeschichte.
Frage: Wer ist, wer sind der Spieler – und wann?

Solche Gedanken mögen Ihnen im Kuppelsaal kommen, blicken Sie hoch: in der Laterne ist Gottvater als Weltenschöpfer dargestellt.

Derart »erhoben«, senken Sie den Blick würdig in die Horizontale, schweifen mit den Augen wie bei einer Kamerafahrt über den imposanten Hochaltar und den Chorraum. Auffallend für Energetiker: die spirituelle Barriere der Chorschranke. Vier Evangelisten als »Hüter der Pforte« – vielleicht zum Gral? Zur Bundeslade gar?

Genau hinter dieser Schranke, an entscheidender Stelle vor dem Altar, liegt (mit dem Kopf nach Westen) Max Joseph I., er ruht unterirdisch in der Krypta. Besichtigen Sie diese und machen Sie sich das sprechende Liniensystem klar. Durch ein

Fenster in der Krypta blicken Sie nach oben, sehen die Decke des Altarraumes – die Jakobsmuschel.

– 5 –
Geheimnis der Energielinie

Schlagartig wurde mir bewusst, dass die Tour durch Münchens wichtigste Kraftort-Kirchen weit mehr an Geheimnissen birgt als nur die Summe der Einzelkirchen samt deren hochenergetischer Plätze. Es ist und wirkt auch nicht nur die Summe aller dazu zu entdeckenden Geheimnisse des Ortes!
Nein, es handelt sich um viel, viel mehr.
Denn: wir wandeln auf einer seit Urzeiten geplanten Energielinie, einem Einweihungspfad und – ähnlich wie auf dem Jakobsweg – eröffnet sich beim bewussten Abgehen, Eintreten und Begreifen dieser wichtigen Sakralbauten eine gigantische, unendliche Datenautobahn des Geistes!

Sie, lieber Leser und München-Pilger, sind urplötzlich in der Lage, Gedanken zu denken, zu denen Sie vorher nicht fähig gewesen wären. Eine Sache des Geistes!
(Ich kann Ihnen jetzt schon verraten. Die Heilig-Geist-Kirche am Viktualienmarkt, östlich des Petersbergls, öffnet ihnen den Geist dazu). Eigentlich ganz logisch.

Werfen Sie noch einmal einen Blick zum Altar von St. Kajetan, sehen Sie die rahmenden Säulenpaare und die Darstellung der links- und rechts-spindelnden Energien, denen Sie (letztlich willenlos) ausgesetzt sind, seit Sie hier weilen.

Die rechte, die nördliche Seite des Gotteshauses ist indes die spirituell Interessantere. Bald stehen Sie vor der Grabkapelle für König Max II. Joseph und seiner damals noch evangelischen Gemahlin Marie Friederike. Hier spüren Sie – wie immer bei Friedhöfen, Begräbnisstätten oder an frei stehenden Sarkophagen – etwas Mulmiges, extrem Abladendes, Erdiges – zugleich aber Macht. Welche Macht? Und wie erklärt sich die spürbare Lebens-Energie im Umfeld des so genannten Todes?

Nun aber zu meinem persönlichen Lieblingsaltar, dem Schutzengelaltar. Sie wussten es noch nicht? In der Theatinerkirche St. Kajetan erwartet Sie ein den heiligen Schutzengeln geweihter Altar, geschmückt und überhöht mit dem wunderbaren Altarbild »Schutzengel der Menschheit«.
Empfangen Sie vor diesem Gemälde des aufbauenden Denkens die vitalisierende, nahezu fröhliche Schutzengel-Energie. Diese bedeutet immer nur das Leben selbst.

Und falls Sie, hier mitten in München, zu der Einsicht gelangen, dass das Leben himmlisch sei, – dann haben die Engel, die himmlischen Boten Sie doch noch erreicht.

– 6 –
Blick zurück – und Sie spüren den Tempel und die Bundeslade

Wenn Sie wieder unter der natürlichen Sonne auf dem Odeonsplatz stehen, werden Sie die Kraft der Kirche immer noch in sich spüren. Werfen Sie einen Blick zurück.

Die Inschrift über dem Hauptportal spricht nicht umsonst von einem Tempel statt von einer »Münchner Kirche«. Aus der deutschen Übersetzung:
»Diesen Tempel, von den Vorfahren einst ... errichtet ..., mit einem sehr prächtigen Vorbau ... vollendet.«
Tempel! Vorbau! Lesen Sie nach im Alten Testament über den Salomonischen Tempel.

Wieder wird die Welt hinter der Welt sichtbar: Dies hier ist tatsächlich ein Tempel. Gehen Sie hin, wenn Sie bereit sind, und schreiten Sie zwischen den Säulen (Türmen) durch das Tor.
Und suchen Sie, so lange Sie leben, das Allerheiligste. Wo könnte die geheime Kammer verborgen sein?
Immer wieder habe ich den Eindruck:

Die *Bundeslade*, diese mächtige Truhe des göttlichen Geheimnisses und des Weges, jenes geheimnisvollen Pfades, den jeder auf Erden und in der Anderswelt gehen muss – diese Bundeslade liegt überall, aber vor allem in München!

Gehen Sie nochmals in die Gruft, denken nach über Positionierungen … wessen und warum? Vielleicht hilft Ihnen die »Fischblase« weiter an der Wand beim Abstieg in die Gruft. Es ist die Heilige Geometrie, die MerKaBa, die Sie mit dem Liniensystem der Blume des Lebens weiter(ge)leiten kann.

Meine Münchner Kirchen-Übung:
Durch die genial inszenierte, sehr bewusste Einbindung in die bauliche und architektonische Umgebung (oder umgekehrt: der baulichen Umgebung zur Theatinerkirche!), handle ich hier mit besonders fein aktiviertem Bewusstsein. Und mir wird klar, dass ich alles, was ich tue in meinem Leben – auch wenn ich nur auf dem Odeonsplatz stehe – besonders bewusst bin. Bewusstsein aber ist Aufmerksamkeit!
Die Theatinerkirche ist ein Klangkörper der feineren Energien, der Geistesklänge. Ich klinge mit!
Ich werde aufmerksamer, auch den Menschen gegenüber und dem, was diese tun. Übung also: Ich beobachte: Bewusst, aufmerksam, spirituell aktiviert.

Religiöse Wahrheit des Überlebens:
Längst ist auch in der Wissenschaft bekannt, dass jedes Teilchen, noch so klein und unerforscht, merkt (!), dass es beobachtet wird. Aber auch Galaxien und Makrokosmen aller Art spüren das »Augen-Merk«: Sie merken die interessiert-forschenden Augen, die auf sie blicken.
Beobachtung, also Augenmerk, schafft erst die Welt, die wir beleben. Auch Gott beobachtet. Ziemlich genau sogar. Und in dieser Kirche spüren Sie an jedem Quadratmeter, den Sie begehen: Sie werden beobachtet.
Aber auch Sie beobachten. Indem Sie beobachten, verändern Sie.

Ausgangspunkt:
Odeonsplatz, magischer Kreis, wie im Text beschrieben. – Sie werden allerdings feststellen, dass da vier Kreise im Pflaster eingelassen sind. Welcher ist der richtige? – Dies Geheimnis, lieber Leser, müssen Sie selber herausfinden.

Einkehr:
Lieber nicht Richtung Fußgängerzone, also nach Süden gehen. Schwabing im Norden mit der Ludwigskirche (siehe dort) und dem Universitätsbereich ist nicht weit. Hier sind viele kleinere Lokale empfehlenswert.

Besonderheit:
Der Altar im Westen. Die Positionierungs-Sprache der Gruft und der Särge.
Sehr positiv und weniger okkult: Der Schutzengel-Altar (finden Sie die Altarnische rechts im Seitenschiff) mit dem großen Schutzengel-Bild.
Tipp:
Schriftenstand, gleich links vom Eingang. Erfreulich gut sortiert, v.a. über Orden und Glaubensleben.
Ansonsten: diesen Tempel nur bei guter und stabiler Seelenverfassung begehen. Die verborgenen Kräfte können sonst belastend sein.

Heilig-Geist-Kirche am Viktualienmarkt

Er lässt sich gerne finden, der Geist:
Außerdem gibt er sich trinitarisch, liebt die Dreiheit
und die ewige Bewegung; versteht etwas vom richtigen
Platz ... und bleibt nicht ohne Humor, in München jedenfalls!

– 1 –
Geist?
Ist das Vollkommene statisch oder dynamisch?

Wie wollen Sie ihn erfahren, den Geist ... und wo versteckt er sich, in einer Zeit, die mit den »Gaben des Geistes« alles andere als geistreich umgeht?
Wir leben ganz gewiss in einer Gegenwart, die kaum etwas so auffallend gering schätzt und hochhält wie den Geist an sich; sei es der Geist der Sprache (was haben sie aus dem Deutschen gemacht!), nicht weniger vernachlässigt wird der Geist eigener (!) gewachsener Kultur; der Geist einer lebendigen, erneut zu ver-geistigenden Vergangenheit im Ahnengedächtnis.
Oder eben der Heilige Geist, der Geist Gottes, der als dritter Teil der Trinität uns still, vielleicht auch nicht ohne Augenzwinkern zuraunt, dass Gott gerade als Vollkommener dennoch ein »Sich Entwickelndes« darstellt (so ein befreundeter Pfarrer und Anhänger einer modernen und dennoch uralten Gottesinterpretation im Gespräch über dies aufregende Thema).

Wollen wir diesen Weg, der geradewegs zu einer atemberaubenden Zusammenschau mit den modernsten Naturwissenschaften führen würde, hier nicht vertiefen, sondern den Geist in München suchen:
Er lässt sich schnell und gerne finden, der Geist, seit 160 Jahren schon in der Heilig-Geist-Kirche. Und siehe da: dieser Geist, der die so besondere und besonders gelegene Kirche am Viktualienmarkt prägt, er sucht ebenfalls eine kühne Zusammen-

schau von Wissenschaft und Religion. Geheimwissen und geheime Wissenschaften eingeschlossen. In dieser Kirche allemal.

Ich selber glaube übrigens, dass Gott so ist, wie er ist – und dass er *mich* nicht braucht, um zu wissen, wer und wie *er* ist. Eher brauche ich ihn, den Allerhöchsten, als umgekehrt! (Solche Gedanken kommen mir immer in der Heilig-Geist-Kirche und es hält dann lange an.)

»Sie (die Kirche) bleibt eine *semper reformanda* – eine Kirche, die immer neu zu ihren Quellen und zu ihrer Vollgestalt auf dem Wege ist. Dazu bedarf sie der Gaben des Heiligen Geistes ...«, so stand es in den Pfarrnachrichten Heilig-Geist vom August/Oktober 2005, aufliegend im Eingangsbereich jener Kirche, die uns den Geist so herrlich nahe bringen wird.
Also doch wieder die Entwicklung und damit die Dynamik? Geist scheint tatsächlich mit Entwicklung zusammenzuhängen, mit Weg, mit Einweihung.
Am Anfang des öffentlichen Weges von Jesus steht die Taufe – und damit das Erscheinen des Geistes »von oben«, der sich als Folge aus der höheren Sphäre herabsenkt – in Gestalt einer Taube.

– 2 –
Rundgang im Geiste

Vielleicht kommen wir dem Geheimnis beim Rundgang auf die Spur.
Wir treten ein beim südlichen Portal, welches, durch baugeschichtliche Umstände, doch eher eine bescheidene Tür ist als ein Tor zum Tempel. Gegenüber der Stand mit thüringischen Bratwürsten – Erdung genug vor dem Höhenflug.

Im ersten Moment des Drinnen-Seins aber ist alles anders, förmlich entrückt: denn tatsächlich stehen wir in der Vorhalle eines wahren Tempels, des Tempels im Geiste, der so trefflich mit der Magie des Ortes und geheimer Zeichen wirkt. Und der sich suchen lässt nach dem Motto:

Was offen zugänglich ist und sichtbar, das bleibt verborgen; was aber verborgen bleiben soll, das darf jeder sehen. (Weil keiner richtig sehen kann!)

Wie so oft bei Kirchen, passieren Sie zunächst einen extrem abladenden und aufnehmenden Platz, Sie müssen an der Maria-Schmerzens-Kapelle vorbei. Lassen Sie genau an dieser Stelle, angesichts der so unendliches Leid ertragenden Gottesmutter, alles hier, was Sie bedrückt. Sie verstehen und werden verstanden. Wenn Sie ein Gefühl für Orte entwickelt haben: Hier zieht eine seltsame Kraft nach unten, jedoch ist die Auswirkung für Ihr Gesamtbefinden nicht unangenehm, eher sehr beruhigend.

Und dann, nachdem Sie die Vorhalle unter der Orgelempore, die mit einem imposanten Abschlussgitter die beiden energetisch so verschiedenen Tempelbezirke – nämlich Vorhalle und inneren Raum – hermetisch trennt und voneinander abschirmt, nachdem Sie den Vorraum des Tempels durchschritten haben und hoffentlich kapiert – beginnen Sie den Rundgang. Geistig und körperlich! Diesmal rechts herum.

Sie werden aus dem Staunen nicht herauskommen. Achten Sie bei den Bildern, die Ihnen an der südlichen Seitenschiffwand ebenso begegnen wie an der nördlichen – den sieben »Gaben des Heiligen Geistes« – stets darauf, dass Sie versteckte oder auch offen dargestellte Symbole erkennen. Sie wissen schon: die Welt hinter der Welt ...

– 3 –
Wir begegnen den sieben Gaben des Heiligen Geistes

Erinnern Sie sich noch? Die Gaben des Heiligen Geistes? Sie bestehen aus:
Weisheit / Verstand / Rat / Wissenschaft
Stärke / Frömmigkeit / Gottesfurcht.
Nicht unwichtig ist dazu das Hintergrundwissen, dass diese sieben Gaben des Heiligen Geistes mit den sieben Chören der Heiligen Erzengel in Verbindung stehen:

Seraphim / Cherubim / Throni / Dominationes / Prinzipatus / Potestates / und – Virtutes.

Nun besuchen Sie die »Geister«, gegen den Uhrzeigersinn gehend, und achten Sie auf die Energiezonen, die Sie nun, wie bei einer Abenteuerreise des suchenden Pilgers, betreten und wortwörtlich über-schreiten werden:

Gabe des Heiligen Geistes: Rat.
Sehen Sie sich die dargestellten architektonischen Konstruktionen genau an. Achten Sie auf Dreiecksformationen. Auf einer Ebene mit dem Geist (Taube), nämlich der Horizontalen, entdecken Sie die Bauhütte und den doppelgesichtigen Kopf, hier als Mann und Frau.

Gabe des Heiligen Geistes: Verstand.
Der Verstand leuchtet auf im magischen Dreieck an der Spitze eines Zepters. Das gesamte Dreieck wird von heiligem Feuer umglüht.

Gabe des Heiligen Geistes: Weisheit.
Hinter der weiblichen Fackelträgerin eine Pyramide mit Sonnensymbol …
Sollten Ihnen nun beim Abschreiten der Sieben Geistesgaben viele Symbole aus einer ganz anderen Denkrichtung (als der christlichen) bekannt vorkommen – kein Wunder.

Nun aber befinden Sie sich wieder mittig in der Kirche, stehen auf der Zentralachse des Mittelschiffes vor dem Hochaltar mit der »Ausgießung des Heiligen Geistes«.

Spüren Sie die Kraft!
Alles reißt förmlich nach oben. Sie weilen nämlich nicht nur in der Hauptachse der Heilig-Geist-Kirche, sondern auf einer der stärksten Energielinien Münchens. Diese zieht sich durch das Mittelschiff der nahen St. Peterskirche – nur einen Steinwurf entfernt im Westen – und die enorme, München-prägende Energie des Petersbergls wirkt auch hier noch, wenn nicht um vieles stärker!

Und an diesem Hauptaltar der Heilig-Geist-Kirche geht's nur noch aufwärts. Achten Sie auf die Gesamtkomposition!

»Indes kam das Pfingstfest, und alle waren beisammen. Plötzlich erhob sich vom Himmel her ein Brausen, wie wenn ein gewaltiger Sturm daherführe. Es erfüllte das ganze Haus, in dem sie weilten. Zungen wie von Feuer erschienen ihnen, verteilten sich und ließen sich auf einen jeden von ihnen nieder. Alle wurden mit Heiligem Geist erfüllt. Sie begannen in fremden Sprachen zu reden, wie der Heilige Geist ihnen die Worte eingab ...«
(Pfingstereignis aus der Apostelgeschichte: Apg, 21-4)

Nicht nur, dass diese zentrale Bibelstelle der Be-Geist-erung hier am Hochaltar der Heilig-Geist-Kirche und dem Fresko »Ausgießung des Heiligen Geistes« bildhaft dargestellt ist:
Sie, der staunende und aufnahmebereite Geist- und Kraftort-Sucher (beides hängt eigenartig zusammen!), Sie stehen, wenn Sie genau hier vor dem Hochaltar verweilen, auf dem ausgewähltesten Ort, der solches ermöglicht. Denn die magische Zentralachse des Mittelschiffes »kippt« unmittelbar vor Ihnen förmlich nach oben, der Blick folgt der zum Himmel blickenden, verzückten Gottesmutter und landet achsengerade auf der Dreier(!)-Gruppe im Himmel.
Gott, Vater und Sohn, und ...?

Achten Sie auf die glatt polierte Kugel, auf die Gott sich stützt. Es ist nämlich nicht die Weltkugel, wie oft bei solchen Bildnissen vermutet. Lassen Sie in dieser Kugel ein Dreieck dreidimensional und mit unendlicher Geschwindigkeit um den Mittel-Punkt rotieren ... und aus Drei wird wieder Eins. Eins in der Vollkommenheit!
»Auffallend daran ist, daß sie in Bewegung sind. Sie sind nicht statisch ruhend ...«, schreibt Christian Schaller in der 150-Jahre-Festschrift über das dargestellte Duo Gottvater und Gottsohn (ebenda, S. 66).
Also wieder die Erkenntnis, die heilende Frage, die Idee (oder gar das Geheimnis): Ist Gott, ist das Göttliche, statisch oder »in Bewegung«?

Sehen Sie die Wolke unter Gottvater und Jesus: Eine rotierende, linksdrehende Spirale!

»Ist es nicht eine Ironie des Schicksals, dass die Physik jüngst den Erweis erbracht hat, dass die Elementarteilchen, also die Grundbestandteile der Materie, nur einen Bruchteil einer Millionstel-Sekunde existieren und ständig neu ersetzt werden durch eine Neuschöpfung! Schöpfung und Neuschöpfung aber kann nur das Werk Gottes sein ...«, so schreibt der legendäre Pater Frumentius in seinem geheimen Archiv.
Und weiter: »Und so manifestiert sich in der Materie die ständige Wirksamkeit des Schöpfers, und der *Geist* ist es, der die Materie trägt und erhält ...«.

Wenn Sie nun, an dieser Stelle, am magischen Ort, den Begriff »Geist« ganz neu begreifen, wenn Sie mit Begeisterung Ihr Weltbild ändern und dynamisieren, dann ist »es« auch mit Ihnen passiert!

Blicken Sie nach oben. Im runden Deckenfresko ist auf der Kugel ein Dreieck mit der Spitze nach unten zeigend. Ein Lichtengel hält dem Geist den Spiegel vor. Deuten Sie selber!

Sie gelangen zum Scheitelpunkt der Kirche, an die östlichste Spitze, zum Altarumgang und stehen nun, spirituell durchgerüttelt, hinter dem Hochaltar. Fällt Ihnen auf, dass das an dieser himmelfahrenden Stelle dargestellte Bild des Gekreuzigten exakt der Lebensrune, dem Lebensbaum entspricht? Achten Sie darauf, in welcher Position die Arme des Gekreuzigten gemalt sind, hier und auch anderswo sollten Sie sich über den Modus der dargestellten Kreuzigung Gedanken machen: Vom Tod zum Leben, Sie können es spüren, genau hier.

Und so schreiten Sie an der nördlichen Wand des Seitenschiffes zurück und finden:

Gabe des Heiligen Geistes: Gottesfurcht.
Achten Sie auf die Tempelanlage im Halbdunkel des Hintergrundes und die kühne Diagonale des Engels – vor allem des-

sen unglaubliche Präsenz im »Vordergrund«. Vom Dunkel ins Licht ...

Gabe des Heiligen Geistes: Frömmigkeit.
Auf einer Stele, die zur Pyramide ergänzbar bleibt, brennt das Feuer. Das Kreuz liegt (!) zu Füßen der Pyramide. – Achten Sie stets auf solche Kleinigkeiten! Wer kämpft links im Hintergrund?

Gabe des Heiligen Geistes: Wissenschaft.
Mit dem Zirkel des weiblichen Baumeisters wird die Welt vermessen. Achten Sie auf die Handstellung! Zirkelachse zwischen den Fingerspitzen, Fernrohr und roter Faltenwurf ergeben das Dreieck. Der Baum? Wohl der Baum der Erkenntnis. Wer flieht im halbdunklen Hintergrund? Und in dem aufgeschlagenen Buch, zentral in dem heimlich offenbarten Dreieck, sind die Zeilen zu lesen: »... wachset in der Erkenntnis ...«.

Fast sind Sie wieder zurück und der Vorhalle des Tempels nahe:

Gabe des heiligen Geistes: Stärke.
Die Hauptperson, nun ein Mann, als Krieger eher verweilend vom Künstler dargestellt; aus starker Bewegung heraus innehaltend an der zerstörten Tempelsäule. Warum? Gesprengte Ketten geben Rätsel auf – und wieder das Ringen im Hintergrund.

Viel, sehr viel wäre noch zu sagen und vor den Bildern zu spüren. Aber das liegt nun bei Ihnen, an Ihrer Offenheit, Vorbildung und dem »Grad« des Gefühls für Orte!

Meine Münchner Kirchenübung:
Ich gehe die Heilig-Geist-Kirche erneut ab, mit dem nun anderen, vertieften Wissen um den Hintergrund der sieben »Gaben-des-Heiligen-Geistes«-Bilder. Geht mir ein Licht auf, so wie bei dem leuchtenden Dreieck an der Spitze des magischen Zepters beim Geist des Verstandes?
Oder beim Altarblatt und der Ausgießung des Heiligen Geistes sowie der Welten-Kugel und ihres dynamischen Dreieck-Geheimnisses?
Irgendwo wird »es« funken – der Geist selber zeigt mir die Stelle.

Mein Münchner Kirchengeheimnis:
(Religiöse Wahrheit des Überlebens)
Kann das Vollkommene sich dennoch stets entwickeln ... oder ist das Vollkommene eine Statik? Denken Sie selber nach, auf einer Bank in dieser herrlichen, geist-vollen Kirche sitzend. Die rechten Gedanken kommen dann von selber. Woher? Sie wissen es bereits.

Ausgangspunkt:
Haupteingang, Südseite, angrenzend an den Viktualienmarkt, gegenüber dem Stand mit fränkischen Rostbratwürsten.

Einkehr:
Stand mit fränkischen Rostbratwürsten direkt gegenüber des Haupteinganges. Erdung, Abstand – und hier vielleicht die besten Erkenntnisse. Wie so oft, außerhalb der Kirche!

Besonderheit:
Der Geist. Was sonst.
Denken Sie nach: Bei dem Altarblatt »Ausgießung des Heiligen Geistes« tragen zwei Lichtengel die Welt(en)kugel mit. Was bedeutet das auf die Spitze gestellte Dreieck auf der Welt? Oder gar dies: Ein Engel hält dem Heiligen Geist den Spiegel vor. Frage also: Wer regiert hier wen?

Tipp:
Da sich hier tatsächlich geistige Belange mitteilen können und wollen, stets nüchtern hingehen, nüchtern in jeder Beziehung. Auch ausgiebiges Essen – lieber erst hinterher. Zu den Geistesgaben gehört auch die Mäßigung!

Salvatorkirche am Salvatorplatz

Die »verkleinerte Ausgabe der Frauenkirche« überrascht im Inneren durch enorme Kraft des Ortes – und lässt augenblicklich transformierende Spiritualität aufkommen. Magischer Ort: Die sagenhafte Wirkung des geheimnisumwitterten »Frauenfreithofes« bleibt spürbar!

– 1 –
Unverfälschte Wucht des Transzendenten

Wer die Münchner Kraftort-Kirchen – soweit sie in der Ein-, Zwei-Tagespilgerfahrt des vorliegenden Bandes dargelegt sind – staunend besucht, vielleicht Neues dazuentdeckt (das eben ist der tiefe Sinn dieses Führers: Sie, lieber geneigter Leser, sollen letztlich selbst draufkommen!), der wird sich oft gewundert haben: Christliches Ambiente, christliche Ikonografie und überlieferte Tradition ... aber vieles wirkt ganz anders. Es wirkt nicht nur anders, es *ist* anders.

Nun aber, in der wohltuend dunklen Geborgenheit bayerischer Backsteingotik, in einem Sakralraum, der seit dem Jahre 1829 die charakteristische Einrichtung des ostkirchlichen Kultus präsentiert, – die im Eingangsbereich aufliegende Schrift informiert genauer über griechisch-liturgische Einrichtungsdetails und über Ritus und Ikonen, – in diesem heiligen Raume, da passiert etwas mit Ihnen, schon beim Eintreten:
So wenig spirituell der Außenraum sich gibt, Banken, Literaturhaus, ein In-Café, hetzende Geschäftsleute und Shopper ... so ehrlich, ja heilig ist's innen drinnen.

Hier bleibt der »Magische Ort« wirklich umfangen von den alten, weisen, münchenwissenden Mauern der Kirche. Und bald werden Sie ihn, den Wunderort, hier zu finden wissen.
Geben Sie sich der Wucht des Transzendenten hin (es funktioniert in der Salvatorkirche immer, weil einfach nichts ver-

fälscht ist), suchen Sie sich einen Platz in den dunkel gebeizten Holzsitzen – am besten in einer der hinteren rechten Reihen des einschiffigen, fünfjochigen Backsteinbaues – und lassen Sie den heiligenden Schauer einer Berührung von oben her zu.

Bei dieser Kirche ist es vielleicht wichtig, sich erst einmal innen zu sammeln – sowohl im eigenen Inneren als auch im Innen der Kirche –, dann gestärkt die so besondere nördliche Außenseite »wirken« zu lassen.
Denn wenn Sie außen beginnen, sind Sie oft durch die laute, vielleicht auch teuflische, Umgebung zu abgelenkt für tieferes Empfinden.

– 2 –
Geschichte vom Friedhof: Sagen-haft ... und schaurig

1789! Eine Jahreszahl, die aus verschiedensten Gründen in die Geschichte einging:
Für München vermeldet die Chronik, dass die Anlage des Englischen Gartens durch Graf Rumford (Benjamin Thompson) begonnen wurde, es sollte dann bis 1792 dauern.
Die Jahreszahl 1789 steht nun ganz bestimmt nicht für christliche Erneuerung; eine ganz andere Denkart begann die Welt zu bestimmen, sie tut dies bis jetzt – und der Blick auf die Ereignisse in Frankreich gibt beredtes Zeugnis.

Eben diese Jahreszahl findet sich auf einem Schild an der Nordseite der Salvatorkirche, ganz in der Nähe des spitzen Nordturms. Wenn Sie die ovale Tafel mit der Inschrift gefunden haben und lesen, dann stehen Sie genau auf *der* magischen Stelle (hier wirklich magisch, nicht christlich) im Außenbereich des backsteingotischen Gotteshauses.

1789 wurde das Nordportal, das als einziges noch original gotische Freskenreste beinhaltet, zugemauert. Lassen Sie sich jedes Wort, das Sie lesen oder beim Begehen und Umgehen

des Sakralbaues auch nur denken, auf der geistigen Zunge zergehen.
Zugemauert.
Dann stellen Sie sich vor das von Maurern verschlossene gotische Nordportal, betrachten die Fresken und lesen eine überdeutliche stumme Sprache – wenn Sie »lesen« können.

Hier und in unmittelbarer Nähe des Domes also muss der legendäre Frauenfriedhof – er taucht in der Sagenliteratur auch als Frauenfreithof auf – gelegen haben. Nun wurde der würdige Gottesacker, in eben diesem Jahr auf Anordnung des Kurfürsten Karl Theodor aufgelassen und vor die Stadt verlegt. Sie stehen also auf einem Areal, das bis dahin ungefähr tausend Dahingeschiedenen eine letzte irdische Heimat bot. Und welche Namen! Der Komponist Orlando di Lasso, sogar der weltberühmte Architekt Francois Cuvilliés ... besonders interessant: Maximilian Robespierre, Vater des berühmten französischen Revolutionärs, wer hätte es gewusst! Der lebte als mittelloser Sprachlehrer hier in München.

Eine schaurige Sage umspielte schon immer den Frauenfreithof. Ist dies der damals an der Frauenkirche gelegene oder jener aufgelassene Friedhof, auf dem Sie nun stehen? Ein Unerlöster, ein Untoter, also ein Gespenst, hat damals, als der Friedhof genutzt war, dem »Schlafhaubenkramer« das Leben schwer gemacht: nachzulesen in den von mir im gleichen Verlag herausgegebenen Münchner Stadtsagen, Neuauflage »Der Teufelstritt«.

– 3 –
Geistige Wandlung im Halbdunkel des Innen, mildes Ostlicht setzt Sie in Trance

Sie stehen nun im Mittelgang oder sitzen in einer der handgeschnitzten Stuhlreihen. Echte gotische Mystik des Halblichtes umfängt Sie, nur zartes, aber umso wirkungsvolleres Licht strömt vom östlichen Apsisfenster und wenigen anderen Seitenfenstern in den durchgebeteten Raum.

Vielleicht an dieser Stelle einige Gedanken über den Bau? Dieser ist auf Schautafeln zur Linken gut beschrieben. Die Wucht des magischen Ortes ist dann erklärbar, wird verstehbarer:
1492 begonnen (denken Sie an die Entstehung der Frauenkirche, 1494), nachdem der Vorgängerbau, eine Sühnekapelle wegen der Erweiterung der Stadtmauern abgerissen worden war.
Stadtmauer. Sühnekapelle. Frauenfriedhof. Gespenstersage: Und so langsam wird Ihnen klar, auf welchem morphogenetischen Feld Münchner Stadtgeschichte Sie hier weilen. Sie spüren es überdeutlich, noch dazu, wenn Sie offen sind. Gehen Sie aber lieber nicht hierher, wenn Sie trüber Stimmung sind, einen schlechten Tag haben oder gar Ihr seelisches Kleid Löcher aufweist.

Die Mittelachse in dem einschiffigen Kirchenraum mit den fünf Jochen hat eine geradezu saugende Wirkung. Nach einigem Verweilen im hinteren Bereich »zieht« es Sie nach vorne. Vor der Altarschranke (so würde man bei einer katholischen Kirche sagen), direkt unter der Kreuzrippen-Rose, auf rotem Teppich stehend, wirbelt Sie eine linksdrehende Kraft nach oben – zumindest geistig.
Lassen Sie sich treiben, dafür ist diese Kirche gebaut.

26,30 Meter Länge / 11,08 Meter Breite / 15 Meter Höhe; 11 Spitzbogenfenster, diese sind drei-reihig; sechs von ihnen haben die Höhe von neun Metern, drei Fenster im Chor sind sechs Meter hoch –
– Zahlen, die kein Zufall sind, sondern die den »Urklang« herstellen, vielleicht unhörbar, aber spürbar und wirksam!
Es entsteht ein Frequenzbereich, ein Klangkörper. Und längst wissen wir (wenn wir es wissen wollen), dass Klang und Geometrie zusammengehören. Sie können Klänge, also Schwingungen, zum Beispiel mit kleinen Eisenspänen sichtbar machen, wenn Sie diese auf einer Trommel ausstreuen und dann den Klang entstehen lassen, die Trommel schwingen lassen: Was sehen Sie? ein *geometrisches* Muster.

Und umgekehrt ruft jede (bewusst gesetzte) Raum-Geometrie einen Klang hervor.
Klänge aber ändern Ihr Sein, Ihr spirituelles Selbst, auch wenn Sie diese Klänge nicht bewusst hören.

Gehen Sie dann geistig durch die »Schöne Tür« in der Ikonenwand. Ihr religiöses Gefühl wird Ihr Führer sein. Sie kommen immer richtig an ... im Herzen.

Meine Münchner Kirchenübung:
An den Ikonen besticht die heilige Ruhe, die Statik, der wissende Blick. Wenn ich meinen Platz gefunden habe – irgendwo im Innenraum wird eine Kraft mich plötzlich festhalten –, dann halte ich mich ruhig, sage nichts, denke wenig – und schweige. Schweige zumeist auch hinterher über das Offenbarte.

Mein Münchner Kirchengeheimnis:
Da, wo ich am wenigsten suche und vermute, finde ich alles.
Warum nur?
Alles klingt. Und dieser Raum ist von Anfang an Klangkörper, »Sounding board« für meine Seele.

Ausgangspunkt:
Vor dem zugemauerten Nordportal, also direkt gegenüber dem Literaturhaus.

Einkehr:
Gegend Marienplatz. Da ich nun mit Gewölben verwöhnt bin, vielleicht der Ratskeller im Rathaus? (hier natürlich völlig andere Schwingungen!)

Besonderheit:
Stiller Raumklang. Eine Resonanzkammer, die bis auf die Zellkerne wirkt.

Tipp:
Spenden Sie eine der schlanken langen Kerzen. Dies ist eine schöne Referenz an die Hausherren und bringt Sie zu den richtigen Plätzen hin!

Bürgersaalkirche

Oben und Unten in eindrucksvollem Wechselspiel:
Die komprimierte Kraft des erlebbaren Wunders
als Basis für ein lichtdurchwirktes Himmelstor!

– 1 –

Ankommen beim Wunder

Sie wollen auf Ihrer über-sinnlichen Kirchen-Tour durch München dem Wunder ganz nahe sein? Dann sind Sie hier richtig angekommen.
Ankommen!

Ein beruhigendes Wort, dies Ankommen: Es signalisiert Geborgenheit, »Ankommen« ist ein recht wohliger Begriff, der ebenso zum Sprachgebrauch des Fußgängers, des Spaziergängers, Wanderers, aber auch des Pilgers gehört. Beim Ankommen ist stets der Weg vollendet – vielleicht der berufliche Weg, der Lebensweg, gar der Weg zum letzten Sinn aller Dinge und tiefsten Sinn allen Seins. Ein Ankommen ist und bleibt immer mit einem erreichten Ziel verbunden.
Hier im Bürgersaal kommen Sie an. In jeder Beziehung.

Sie spüren dies sofort, schon kurz nach dem Eintreten: Sie sind an einem Ziel, wenigstens einem Teil-Ziel Ihres persönlichen Lebens, wenn Sie in den heiligen, durchgebeteten Raum schreiten. Ja, Sie weilen nicht nur in einem kunst- und baugeschichtlichen Kleinod: Sie kommen urplötzlich an – im Herzen. Und genau dies spüren Sie, hier an diesem Ort.
Ankommen also im Zentrum des Gemüts: Und das im Herzen Münchens.

– 2 –

Ankommen an einem Ort wahrer Demut vor dem Herrn

Vielleicht ist Ihnen jetzt schon, beim Lesen dieser Zeilen, klar geworden, worauf es beim Ankommen »ankommt«. Das Sein hinter dem Sein, das Verborgene, Ewige, Himmel-Versprechende hinter all dem sichtbaren, manchmal auch blendenden Schein. Lassen Sie sich nicht blenden!

Treten Sie ein durch die Pforte der eher unscheinbaren Fassade, erleben Sie eine ganz andere Welt, fühlen Sie die – wie ich es nennen will – »komprimierte Frömmigkeit« in der Unterkirche.
Dieses Heiligtum ist seit dem Jahre 1948 Verehrungsort für Pater Rupert Mayer. Rupert Mayer? Den Namen müssen Sie kennen, auch wenn Sie nicht aus München sein sollten. Der wunderbare und so tapfere Mann steht wahrhaft für den »Heiligen Münchens«, wenngleich er bislang »nur« selig gesprochen ist, dies geschah durch Papst Johannes Paul II. am 19. November 1980 auf der Münchner Theresienwiese.

»Abschließend möchte ich auf einen Mann hinweisen (...), den Jesuitenpater Rupert Mayer, an dessen Grab im Zentrum von München, in der Krypta des Bürgersaales, täglich viele Hunderte von Menschen kurze Gebetseinkehr halten ...«
Die Zeilen stammen aus der Rede des Papstes Johannes Paul II. am 19. November auf der Theresienwiese; festgehalten auf einer Marmortafel an der rechten Seite des Raumes.

Der Prozess der Heiligsprechung läuft indes, die Erhörungsbriefe frommer Gläubiger füllen meterlange Regale. Und Wunder wirkt der Jesuitenpater unzählige – bis heute und sicher über unsere Zeit hinaus wird er unzählige Bittgebete erhören und nach oben weitergeben. Des Paters Lebensgeschichte soll hier nicht vertieft werden, nur soviel: er »predigte weiter«, bald ein geflügeltes Wort für seine Tapferkeit und Hingabe in der NS-Zeit.
Eine schnelle und präzise Übersicht liefert der Führer »Bürgersaal München«.
(= iP Kunstführer. Hrsg. v. d. Marianischen Männerkongregation. München 1995)

Das Wunder lässt sich nicht herbeizwingen – aber hier steigt die Wahrscheinlichkeit, dass Ihr Gebet Erhörung findet.

– 3 –
Magnetismus des Bodens
Und der Ort lädt Sie auf – mit Christus

Im Zentrum des vorderen Teiles dieses Raumes strahlt eine rotmarmorne Grabplatte von der Heiligkeit des hier Ruhenden spürbare Energie ab – Heilungskraft. Sie spüren diese wuchtige Kraft in jeder Ecke der Unterkirche. So stark, dass Sie zunächst zurückschreckend innehalten und im hinteren Teil des Sakralraumes, einige Meter nach der Pforte, irritiert stehenbleiben – und hier bereits stark aufgeladen werden, ob Sie dies wollen oder nicht.
Auch positive Kraft kann zwingend sein, Gott sei Dank!

Begehen Sie den Raum rechts herum, er ist zentral ausgerichtet auf die herrliche, strahlende Marienstatue hin. Die weiß und golden gehaltene Madonna durchstrahlt optisch und vor allem energetisch den vorderen Teil des von tief herabdrückenden Bögen bestimmten Kirchenraumes – wollen wir diese Architekturformen Anti-Spitzbögen nennen? –, die Maria mit dem Kind leuchtet und mahnt vom Altar her über das Rupert-Mayer-Grab hinweg zurück zu den Eingetretenen. Und sie schließt damit das mit Betbänken eingefriedete Grab-Areal würdig ab.
Der suchende Pilger findet hier im Raum seine ganz persönliche Stelle, den Platz (ich vermeide nun bewusst den Begriff »Magischer Ort«), findet die heilig-heilende Stelle für Gebet und Besinnung.

Hier herrscht nur Christus-Denken, Demut im besten Sinn der Annahme Göttlichen Willens und helfende Liebe. Die Stimmung des Ortes und die Energien wechseln hier unten allerdings fast nach jedem Meter.
Liebes-Energie energetisierten Raumes ist hier so verschieden wie die Kreuzwegstationen an den Wänden verschieden sind: Wie bei jedem Kreuzweg bedeutet jede Station einen Schritt ins innerste Selbst und zugleich hin zu Jesus und seiner Mission; jede Station nimmt den Ankommenden mit: transformiert den Betrachter durch vordergründige Handlung, mehr

noch durch den dahinterstehenden Sinn – und der tiefsten Bedeutung, die zu finden ist. Der Seelenbedeutung! Be-Deutung, also ein Hinzeigen, ein Hineinzeigen in die Seele.
Für Sie, lieber Leser und Besucher, ganz persönlich.

– 4 –
Unruhige Energien vor der Berührungsbüste und heimliches Energiemuster auf dem Boden

Stellen Sie sich vor die bronzene Büste des Seligen Jesuitenpaters und achten Sie auf Energien. Überraschend unruhig – vielleicht durch die vielen hingabevollen, Heil suchenden Beter, die hierher kommen und die Herzseite der Büste berühren, so dass an der Stelle die Bronze gülden blank poliert erstrahlt.
Immer wieder fällt mir an diesen Gläubigen eine undefinierbare Unruhe auf – vielleicht wegen der existentiellen Sorgen und Ängste, von denen solche Kirch- und Bittgänger hierher geführt worden sind?

Vertrauen! Denken Sie in diesem Raum nicht allzuviel – vertrauen Sie.

Stellen Sie sich die Bodenfläche des so besonderen Sakralraumes von einem unsichtbaren Schachbrettmuster durchzogen vor, mit Quadraten also von etwa eineinhalb Metern Seitenlänge, die Spitzen indes nach vorne und hinten im Raume zeigend, also diagonal sich kreuzende Linien ergebend.

Gehen Sie mit großer Sorgfalt und Sensibilität umher, natürlich ohne andere Gläubige zu stören, erfühlen Sie das Energiemuster:
Die eine Spitze des Quadrats positiv geladen, die andere negativ, in der Mitte: Kraft. Raumkraft. Geheimnis des Kirchenraumes.

Genau hier herinnen können Sie dem Geheimnis des Raumes näherkommen.

– 5 –
Geheimnis des Kirchenraumes

Was macht diesen Raum so stärkend und ebenso drückend, so beunruhigend und beruhigend zugleich?
Sie müssen dies selber ergründen (ich gebe zu, ich will Sie mit diesem Buch in die Bürgersaalkirche – und nicht nur in diese – hineinlocken, aber bereuen werden Sie dies nie!).

Das letzte Geheimnis liegt wohl in der Schwingung. Alles schwingt, aber hier gerinnt die Schwingung durchgebeteten Seins, der hochgefahrene Energie-Ton eines Raumes zum Abenteuer! Sie fühlen und hören ein eigenartiges Grunddröhnen, das gar nicht so sehr von Geräuschen zu kommen scheint. Sie hören Kraft, heilige Kraft.
Und, vielleicht hören Sie Gott.

Sicherlich werden Sie nach der erdschweren Gruft auch im oberen, lichtseligen Raum der Bürgersaalkirche ihre Freude haben. Der Weg dorthin scheint mir wie ein Aufstieg in den Thronsaal Gottes.
Betrachten Sie den kühnen Bewegungsfluss der Schutzengel-Gruppe Ignaz Günthers, den »Fingerzeig nach oben«, stellen Sie sich mittig in den Raum und achten auf die Vibration des Bodens.
Aber unten ist oben. In der Unterkirche war alles ganz anders ...

– 6 –
Der Boden unter unseren Füßen ist ein elektrisches Feld ...

»Ich schaute nach vorne und hörte nach innen ...«, der wunderbare Satz des Paters Frumentius Renner, der mir zu Ende des Jahres 2000 die Vorlage zu einem Buch über Engel, Dämonen, über Gut und Böse, lieferte, möge das folgende, mir sensationell erscheinende Zitat, einleiten:

»Der Boden unter unseren Füßen ist ein elektrisches Feld, verursacht durch elektrische Kräfte des Erdkörpers und der Erdkruste. Dies bedingt Unterschiede in der Bodenleitfähigkeit sozusagen von Schritt zu Schritt und Variationen des erdmagnetischen Feldes. So etwa belehren uns die Geophysiker …«

(aus: P. Frumentius Renner: Raumakustik und Erdkraftfeld (= Sonderdruck aus der »Zeitschrift für Radiästhesie«, München 1961, S. 9f.)

Dies ist wohl ein fundamentales Geheimnis aller wissend angelegten Kirchenräume: die bewusste Nutzung jenes elektrischen Erdfeldes nämlich; in einer Stadt wie München mit der so besonderen Lage hin zur Kraft der Berge, mit der besonders geheimnisvollen Geometrie wichtiger Kirchen (vor allem der Grablege-Kirchen) zueinander, verstärkt sich der transformierende Effekt solcher »Felder« um ein Vielfaches. Siehe dazu auch das Nachwort.
Und Pater Frumentius erklärt weiter:
»…Wir können ohne dies doppelte Kraftfeld der Erde, das elektrische und das magnetische nicht leben, und wir begreifen, daß A. Einsteins Alterstage die Furcht umdüstert hat, die Atombombe könnte die magnetische Kraft der Erde zerstören.« (ebenda).

Was für eine Aussage. Nicht nur über Kirchenräume und Akustik, sondern über die Welt, in der wir leben.

Meine Münchner Kirchenübung zur Bürgersaalkirche:
»Ich schaute nach vorne und hörte nach innen ...«, lesen Sie nochmals das wunderbare Lebensmotto des großen Sehers Frumentius. – Und tun Sie es, am besten gleich hier. Sie werden staunen.

Mein Münchner Kirchengeheimnis:
Neben den sensationellen Gegebenheiten des Ortes und der hervorgehobenen Position im goldenen Schnitt des Dreiecks Herzogspitalkirche – St. Michael – und St. Bonifaz, etwas nordwestlich, weiß ich hier: »Eine Etage höher« ist der Schutzengel des Ignatz Günther aus dem Jahre 1774. Und der zeigt wiederum mit dem Finger auffällig nach oben. Zufall?

Ausgangspunkt:
Fußgängerzone (Neuhauser Straße 14) direkt vor dem Eingang.

Einkehr:
»Augustiner«-Gaststätten. Original alte Münchner Wirtschaft. Alles echt und verräuchert, aber nicht vom Weihrauch.

Besonderheit:
Rechts vom Eingang eine kleine Dauerausstellung mit Rupert-Mayer-Utensilien. Auf der linken Seite der Schriftenstand: Sehr wissend sortiert.

Tipp:
Nachdenklich, wie Menschen-dienlich das Leben eines großen Mannes sein kann. – Was tue ich für die Allgemeinheit ...?

St. Bonifaz

Eine magnetisierende Pyramide über dem Altar, die ahnen-dunkle, »tot belebte«, sagendurchwehte Gruft ... und jene verschollene, wegweisende Mär von einem Jahrhundert-Licht in der gruft-tiefen Abgeschiedenheit des dunklen Geheimnisses!

– 1 –
Staunen über den Urton der Pyramide!

Mit mehreren Metern Seitenbreite hängt die metallene Pyramide über dem Altar. Richtig gehört oder gelesen. Über dem Altar!

Wer sich auch nur annähernd mit Symbolik des Kirchenbaues, mit Seelen- und klangwirkender Geometrie des sakralen Raumes – allem voran aber: wer sich je mit der Spiritualität und der (seelenraubenden!) Symbolik ganz anderer, weltumspannender geheimgesellschaftlicher Vereinigungen – beschäftigt hat, der wird sich hier, im vordem christlich gedachten Raume, nur noch wundern.

Die Pyramide, das Symbol uralter Mysterienkulte, in solchem Kirchen-Gebäude eher befremdendes Gebilde aus vier Dreiecken und einer quadratischen Grundfläche – jene Pyramide, die neben der Kugel und dem Würfel den nahezu perfekten geometrischen Körper darstellt, der allerdings erst mit dem Schluss-Stein die volle Wirkkraft entfaltet, sie dominiert die Optik, den Klang, und vor allem den Geist:

Diese so geheimnisvolle, aber berechenbare und quer durch alle Zeiten hochwirksame Geometrie einer Pyramide, die dreidimensional in alle Richtungen um einen (!) Zentralpunkt rotierend, wiederum die Kugel ergibt, sie hängt hier wirklich raum- und seelengreifend über dem Altar.

Ich will mich hier lieber nur in Andeutungen als Fakten ergehen: nehmen Sie den Ein-Dollar-Schein, betrachten Sie die Pyramide mit dem unheimlichen Auge im »Schluss-Stein«... Sinnieren Sie ferner über die dreizehn Stufen dieser Dollar-Pyramide, mit einer darunter stehenden Jahreszahl, die – oder deren zeitliches Umfeld – in diesem Buch über Magie des Kirchenbaues, ausgesprochen oder unausgesprochen, stets wiederkehren – und lesen Sie eines der (am besten vergriffenen) Bücher über illuminierte Symbolik.

Christlich? Ich weiß nicht. Christlich ist – immer das Kreuz.

Sie wollen etwas erleben? Sie haben dies Buch erstanden und sind hierher gekommen, um verborgene Kräfte zu fühlen? – Probieren Sie die Wirkung des schwebenden Transformators über dem Altartisch:
Stehen Sie vor dem Altar (Rücken zum Haupteingang) und betrachten Sie die Spitze dieser Stahlrohr-Pyramide, die Spitze ist wiederum eine kleinere Pyramide aus gold schimmerndem Edelstahl: der Schluss-Stein.
Zwölf polierte metallene Kugeln können Sie bei dem Gesamtgebilde zählen, verteilt auf die Ecken und Zwischenwege, Einweihungswege.
Hinweis auf das himmlische Jerusalem? Vielleicht, vielleicht auch nicht. – Vielleicht auch etwas ganz Unerwartetes.

Und dann! Je länger Sie vor diesem Energie-Umwandler, dem seltsamen Seelen-Transformator stehen, desto mehr bekommen Sie das Gefühl, als würde der Boden vibrieren, eine eigenartige Kraft durch Ihre Schuhsohlen dringen – und als würde das Gestänge der Pyramide ein Schwingungsmuster abgeben, sichtbar an den zu jeder Zeit deutlich vibrierenden Verbindungsrohren.
Diese können Sie nämlich nie richtig »scharf« sehen, also mit den Augen genau fixieren, denn sie schwingen wie die Saite einer Gitarre oder Violine – und bilden damit einen den Ohren verborgenen, aber wirksamen Ton. Und genau solch ein Grundton in der weiten hohen Halle manipuliert den Betrachter!

Hier können Sie Trancezustände erreichen, ich habe dies, zusammen mit vielen fühlenden Bekannten, während der zahlreichen sehr festlichen Gottesdienste in St. Bonifaz festgestellt. Logischerweise verstärkt sich die Schwingung, wenn der Saal gefüllt ist mit Menschen und Seelen und wenn die Orgel den wundersamen Raum füllt.

Denn die gut den Raum aushallende Orgelmusik tut ein Übriges. Indes scheint kaum einer der Besucher so richtig aufmerksam auf diese Klangwelt hinter der hörbaren Klangwelt zu achten.
Immer wieder, das Leitmotiv des vorliegenden Kirchenführers: Welt *hinter* der Welt!

– 2 –
Und wieder: Geometrie und Raumklang

Erinnern Sie sich: Geometrie schafft Klang – und Klang schafft Geometrie (siehe etwa im Text »Bürgersaalkirche). Und beide schaffen und kreieren Menschen-Beeinflussung, vor allem Manipulation von Gruppen oder gar Massen.

Denken Sie nach. Massenbeeinflussung hat immer mit Schwingung, zumeist mit Geräusch zu tun: Lassen Sie Massenauftritte, historische im Film oder aktuelle, Revue passieren: Lautsprecher, Sprache, kollektiver Gesang, Pop-Musik ... immer Klang, zumeist Lärm. Und dieser Lärm kann auch sehr leise sein! (Wir werden in dem Zusammenhang gleich auf den Königsplatz zu sprechen kommen.)

Vielleicht ist dieser Stand-Punkt vor dem oben und unten schwingenden Zentralaltar (ein Juwel der nachvatikanischen Zeit: denn klassische, »richtige« Kirchen haben stets den Altar im Osten, sind im Blick-Punkt des Volkes – und der Pfarrer sollte dem Altar zugewandt stehen, mit Blick zu Gott und nicht Blick zum Volke) – vielleicht ist dieser Stand-Punkt der richtige, um in die dunkle, aber lichtbringende Welt der Real-Sage einzutauchen:

– 3 –
Und seit Jahrhunderten brennt ein Licht im Untergrund ...

Vor Jahren, während der Arbeit an einem Buch über die »Andechser Klosterapotheke«, fand ich im Lesesaal der Bayerischen Staatsbibliothek einen alten Band über Andechs (Sign. Bavar. 4771 u). Da steht ab der Seite 142 »Stiftung von Andechs« ein langer, dunkler Text über den Hintergrund des Andechser Schatzes – und die Gruft von St. Bonifaz. Sie wissen sicher: St. Bonifaz, ein Benediktinerkloster, ist Mutterkirche von Andechs.

Nach einigen Erklärungen über verschiedene Äbte und Verwalter der Krypta (S. 612) beginnt eine Erklärung der Vorkommnisse um diese Gruft, die hier wörtlich wiedergegeben sei:

»Da die Kryptakirche in München dem Abt Joseph in der Periode seiner Administration derselben eine durchgreifende Restauration aus Anlaß des dreihundertjährigen Jubiläums im Jahre 1750 verdankt, so sei es erlaubt, hier nochmal auf die Geschichte derselben (...) zurückzukommen ...« (S. 613).

Es folgt nun eine umständliche, aber sich in düsteren Andeutungen ergehende Beschreibung um eigenartige Vorgänge und Todesfälle während der damaligen Beschlussfassung, die alte Krypta, deren rechte Herkunft keiner so recht kennt, wiederherzustellen:

»... Die Theilnahme und der Zulauf des Volkes war groß, und die Opfer so reichlich, daß man an eine umfassende Reparatur der Gruft- und unteren Kirche denken konnte.« (S. 615).

Die folgende Beschreibung um Auffindung und Entdeckung dunkler Gruftgänge mit sichtlich okkultem »Hintergrund« und geheimnisvoller Säulen übertrifft jeden Krimi:

»Diese untere Kirche war nämlich finster und eng, namentlich wegen des vielen und zwecklosen Mauerwerks (...) insbesondere störten zwei massive gemauerte Pfeiler (...)«.

Nun wird einen Absatz lang die Notwendigkeit geschildert, diese Pfeiler zu ersetzen:

»... Als nun beim Abbruch dieses Pfeilers die Arbeiter schon

ein ziemliches Stück Arbeit abgethan hatten, gewahrte endlich einer von ihnen in einer größeren Öffnung *eine unerwartete Helle* in dem Dunkel der Oertlichkeit und rief seinen Mitarbeitern zu:
Licht! Licht! (...)
Es (das Lampenglas) glich einem altmodischen Bierglase, das oben weit ist (...) Darin war eine gelbliche Flüssigkeit, welche noch fast den dritten Theil des Glases anfüllte (...)«.
Doch damit nicht genug! Hören wir weiter!
»... Neben dem sonderbaren Lampenglase stand ein unglasirter Topf, in welchem sich mehrere Gebeine, unter diesen ein schalenförmiges, etwa eine Hirnschale, befanden. Beim Herausheben zerbrach das Gefäß, und die fast vermoderten Gebeine konnten nicht mehr gesammelt werden ...« (a.a.O., S. 617).
Einen Erklärungsversuch liefert der spannende alte Text selber: »Wie läßt sich dies sonderbare Licht erklären ...?«, so fragt der Autor (S.617). Und fährt fort: »Die alten Römer schon sollen die Kunst verstanden haben, lange brennende oder sogenannte ewige Lampen herzustellen (...)«.
Und weiter gehen die geheimnisumrankenden Mutmaßungen: die Lampe solle demnach aus vor-römischer (heidnischer?) Epoche stammen und bereits mehrere Jahrhunderte gebrannt haben – und eben auch noch weiter, wenn nicht die baubedingte Unterbrechung erfolgt wäre; vielleicht über unsere Zeit hinaus?

Wie dem auch sei. Die dunkle Mär hat im Kerne sicherlich recht, sie gehört wohl ins Reich der neueren Sagen; Sagen aber sind stets mit dem Körnchen Wahrheit gesegnet, das den Suchenden auf die Fährte bringt – hin zum Geheimnis, zum verborgenen geschichtlichen Kern.
St. Bonifaz hat etwas, das unbenennbar, aber im Untergrund wirkend, bis heute jedem sich mitteilt, der fühlend ist und offen.
Und wie so oft ergeben die Mosaiksteine, richtig zusammengesetzt, den Hinweis auf einen Raum-Zeitentunnel. An einem solchen Orte ist Zeit nicht gleich Zeit.
In St. Bonifaz schon gleich gar nicht.

– 4 –
Rundgang

Sie treten ein durch das linke (westliche) Seitenportal, das auf der Außenseite eine durchstochene (!) Bibel trägt. Was immer Sie dabei empfinden mögen, es ist das »Attribut« zum Wappen der Abtei (siehe in: St. Bonifaz München. 4. Aufl. Regensburg 1997, S.10).
Auch finden Sie, in »hieroglyphischer« Darstellung, das Fällen der Donar-Eiche und damit die Bekehrung der »heidnischen Germanen zum christlichen Glauben« (ebenda).

Derart gestärkt – und auf die heute herrschende Religion eingestimmt – haben Sie den Weg durch das westliche Tor in den überraschend hohen, nicht zuletzt dadurch in einem unhörbaren Raumklang wirkenden Sakralraum gefunden.

Gehen Sie umher und achten auf jenen kaum hörbaren Ton, den ich gerne »Grundbrummen« oder »Grundbrummen der Schöpfung« nenne. Wo ist er mehr, wo weniger zu fühlen?

Setzen Sie sich nun in die erste Reihe der Rundbogenbänke, so dass Sie auf den Altar, das Lesepult dahinter, sodann auf das Kreuz und schließlich die Orgel sehen können. Also immer Blick nach Norden.
Der Altartisch ist nun, wenn Sie sitzen, genau in Augenhöhe, und Sie sehen ein

»T«

– ein Tau-Kreuz. Genau dieses wiederholt sich an der Ostwand als eigenartiges, samtig-rotflächiges Tau-Kreuz, in dem der angeheftete Christus geradezu zu verschwinden scheint. Bemerken Sie die Vibration der Pyramide über Ihnen? Der »Schluss-Stein« ist aus demselben Material wie die vier Dreiecke an der Zusammenführung der Kreuzbalken des Kreuzes vor ihnen, nahe der Nordwand. Vier Dreiecke, zusammengefügt, ergeben übrigens wieder eine Pyramide. Also welch tollkühne Zusammenschau des alten Mysterienkultes mit dem

Christentum. Was hätte wohl der Apostel Paulus, der doch so sehr das Kreuz gegen frühere Kulte verteidigt, hier angemerkt …?

Lesen wir sinnierend den offiziellen Führer:
»… Das Innere der heutigen Kirche umfasst etwa ein Drittel der einstigen fünfschiffigen Säulenbasilika. Aus dem ursprünglichen Längsbau entstand ein ungewöhnlich hoher, lichtdurchfluteter Zentralbau von beinahe quadratischem Grundriß (Maße der Kirche: 32 m lang, ohne Vorhalle, 36 m breit, 23 m hoch) …«.

(Aus: St. Bonifaz München. 4. Aufl. Regensburg, 1997, S. 8)

Lassen Sie sich die Zahlen und deren Symbolik auf der geistigen Zunge zergehen. Nicht umsonst sind hier charismatische Gruppen zuhause und auch das Zungenreden (Glossolalie) kommt in St. Bonifaz zu ihrem Recht (nähere aktuelle Informationen im Internet).

Und wieder die T-Form: Suchen Sie diese im Grundriss. Die heute sichtbare Nordwand, gleich hinter dem Kreuz, auf das Sie schauen, ist erst beim Neubau entstanden; die viel längere Basilika wurde der Kriegsschäden wegen ganz einfach abgeschnitten. Etwa um zwei Drittel. Daher die jetzige verbliebene Quadratform.
»… so entstand innerhalb eines rechteckigen Grundrisses die Binnenfiguration eines griechischen Kreuzes …«, vermeldet der Führer (ebenda, S. 8).

T-Form, Quadrat, zentral darüber schwebend die Pyramide (darunter, unsichtbar aber wirksam, wie immer die Anti-Pyramide); wiederum innerhalb des Kreiskörpers der Sitzreihen.
Geometrie und Raumklang …, Sie wissen inzwischen schon mehr.

– 5 –
Und der Himmel öffnet sich ...!

Nun blicken Sie nach oben, im wörtlichen Sinne. Die Armierungen der Rundbogenfenster an den Seitenwänden sprechen die so viel-sagende Sprache der Raute. Vertiefen Sie sich in das Zusammenspiel von Quadrat- und Rautenform, ziehen Sie sodann ihre Schlüsse.
In beeindruckender Höhe sehen Sie ringsum leuchtende Farbtafeln mit genau definierten Themen, die Sie dem Führer oder den gut gemachten, an der Klosterpforte erhältlichen Nachdrucken mit Kommentaren entnehmen.

Sie sind, wegen der respektablen Entfernung vom Kirchenboden zu den »Farbklangtafeln«, auch mit guten Augen nicht in der Lage, die Themen der auf kahlen Wänden leuchtenden Farbarrangements zu erkennen – mir scheint auch der »Klang« der Farben viel wichtiger zu sein. Wichtiger als was? Entscheiden Sie.
Und siehe da, Sie können die Farbklänge den Raumklängen zuordnen, finden sich in einem geradezu kabbalistischen Weg durch das Unterbewusstsein wieder.

Faszinierend die linke Bildtafel an der Nordseite: Eine Himmelsleiter, zwischen dem Dunkel der tiefblauen Nacht und dem Licht aller Ewigkeiten oszillierend: Sich-hingebend gelangen Sie in einen Zustand des Oben-Seins, sich-versenkend können Sie das Auf- und das Absteigen der Engel beobachten!
Hören wir dazu den Original-Text der Bibel:
»Da traf es sich, dass er (Jakob) an die heilige Stätte von Bethel kam, und er blieb daselbst über Nacht; (...) Und er nahm einen von den Steinen der Stätte, tat ihn unter sein Haupt und legte sich an dieser Stätte schlafen.
Da träumte ihm, eine Leiter sei auf die Erde gestellt, die mit der Spitze an den Himmel rührte, und die Engel Gottes stiegen daran auf und nieder.
Und siehe, der Herr stand vor ihm ...«
(1 Mose 11-13; zitiert nach der Züricher Bibel)

Denken Sie bitte über dies »Auf und Nieder« himmlischer Urkräfte lange nach. Erkennen Sie auch, welchen Wert die Bibel bei den weltenöffnenden Schlüsselstellen auf den Ort (hier mit Stätte übersetzt) legt!

– 6 –
Krypta
(= Unterkirche mit Mönchsgruft)

Eine beeindruckende Rotunde, die im Norden den kreuzförmigen Grundriß des unheimlichen Raumes abschließt, genau unter dem Gemeindesaal liegend: Zugleich Gruft der Äbte und ebenso die Grablege der Mönche von St. Bonifaz.
»Diese unübliche Lage geht auf die ursprüngliche Situation der Krypta unter dem Hochaltar der alten (!) Basilika zurück ...«, lässt uns der offizielle Kirchenführer wissen (a.a.O., S. 27).
Der Eindruck einer unterirdischen Grabkammer wird durch die zahlreichen leeren Grabnischen und die ähnlich strukturierte Betonkassettendecke (sieht aus wie leere Grabkammern, die nach unten hin, also zum Betrachter offen sind) extrem gesteigert.
Bei meinem Besuch für dieses Buch am Freitag, dem 11. 11. 2005, war eine Putzfrau geflissentlich zu Werke; das überlaute Dröhnen des Staubsaugers gab mir ein eindrückliches Bild von »Raumklang«. Und einige der leeren Betongrabnischen waren, der anstehenden Baumaßnahmen wegen, als praktische Ablage für Alltagsgegenstände wie etwa Sitzkissen, genutzt.
Dem Geheimnis des »Ewigen Lichtes der Krypta« (siehe weiter vorne im Text, Punkt 3:
»... Und seit Jahrhunderten brennt ein Licht im Untergrund ...) – bin ich an diesem Tage nicht auf die Spur gekommen!
Gott liebt den Humor. Ich staune immer wieder und muß mich stets von Neuem darüber freuen.

– 7 –
Geschichtliche Einbettung: Ein zentrales Stück München

Bis Ende des 18. Jahrhunderts war die Fläche Münchens durch den Mauerring aus dem 13. Jahrhundert definiert. Nachdem aber die Bevölkerung in dieser Zeitspanne vehement wuchs, begann man 1791, die überflüssigen Befestigungen abzutragen. Die erste Stadterweiterung unter König Maximilian I. (eben dieser liegt in dem monumentalen Hochgrab im Osten des Kirchenraumes – und normalerweise steht im Osten der Altar!), diese erste Erweiterung entstand ab 1818, trägt bis heute den Namen »Maxvorstadt«. Für den Energetiker interessant: Das schachbrettartige Straßennetz, das entlang des alten Fürstenweges von der Residenz nach Nymphenburg und Schleißheim eine Folge repräsentativer Plätze (Kraftplätze auf Schnittpunkten) erhält.

Der Königsplatz: interessantester, wenngleich ein recht dunkler Kraftplatz Münchens!
Nicht nur die Geschichte weiß um die Energie des Königsplatzes und auch um seine zumeist machtbesessene Nutzung als magischer Ort, auf dem sich die Massen in geradezu unheimlicher, schwarzmagischer Art manipulieren lassen.
Ludwig I. erwarb bereits als Kronprinz dieses durch alle Jahrzehnte als Transformator genutzte Areal. So entstand schließlich als Idee zu einem Pendant gegenüber der Glyptothek das Konzept einer Apostelkirche (s.a. im Internet unter: www.sankt-bonifaz.de).

Mit der Seelsorge wird von Anfang an der Benediktinerorden betraut. Ludwig schenkt dem Kloster St. Bonifaz das geschichtsschwere, 1455 gegründete und 1803 säkularisierte Kloster Andechs am Ammersee. Die Energie der Gralsburg auf dem heiligen Berg spüren Sie auch hier ... und noch vieles mehr.

Mein Münchner Kirchengeheimnis:
Dazu ein Zitat von Frumentius Renner aus dem Grundlagenwerk »Christi gewaltige Macht«:
»... Es fällt auf, was München betrifft, dass die bedeutenderen Baumeister bis vor dem Ersten Weltkrieg geistig belebte Sakralbauten erstellt haben, nicht bloß seelenlose Nachahmungen ...«. Nochmals: *Vor* dem Krieg!
(Aus: P. Frumentius Renner: Christi gewaltige Macht. In Wort Weihe und Segen. Abensberg, 2. Aufl. 1997, S. 80)

Meine religiöse Wahrheit des Überlebens:
Interessante Kirchen mit diffuser Energie schaue ich interessiert an, suche aber stets die Begegnung mit dem (wahren) Kreuz, mit Jesus Christus und der Heiligen Drei-Einigkeit, wie diese im wahrsten Sinne des *Wortes* (!) im Buche steht.

Besonderheit:
Die Kirche St. Bonifaz ist genordet und nicht, wie (fast) jede andere Kirche der christlichen Welt, geostet, zum Osten, Orient hin ausgerichtet, also »orientiert«. – In München ist mir bereits bei St. Kajetan (Theatinerkirche) aufgefallen, dass der Altar im Westen steht, die gesamte Kirche gewestet ist ... in Richtung St. Bonifaz. Betrachten Sie den Plan »Kirchendreiecke Münchens« und lassen Sie eigene Gedanken zu.

Ausgangspunkt:
Vor dem monumentalen Hauptportal. Stehen Sie aufrecht im Gewände des Mittelportales, also unter der Überdachung, genau vor der zweiflügeligen bronzenen Mitteltüre und machen Sie sich Gedanken über Symbole, die Sie sehen. Wie bereits erwähnt, befinden Sie sich im Süden, nicht wie sonst üblich im Westen (Eingangsbereich aller Kirchen). Ihre Gedanken werden die richtigen sein!

Forts. nächste Seite

Besonderheit:
Das Spiel zwischen Historie und Moderne ist frappierend. Seit kurzem finden Sie rechts der Kirche (im Osten) eine weitere Pyramide: die Kapelle der katholischen Hochschulgemeinde.

Einkehr:
Rhaetenhaus in der nahen Luisenstraße.

Tipp:
Irgendeine der farbigen Bildtafeln im Inneren wird Sie magnetisieren. Lassen Sie dort den Blick ruhen.

Die Herz-Jesu-Kirche: Okkultismus im christlichen Gewand

Die Herz-Jesu-Kirche in München-Neuhausen zeigt, was sich hinter dem Begriff »Kirche« verstecken kann, wie sich keiner etwas zu sagen traut – und dazu eine aufregende, lodernde Vorgeschichte!

In der Nacht zum 26. November 1994 brannte die alte Herz-Jesu-Kirche nieder in infernalischem Feuersturme; kurz vor dem endgültigen Einsturz gestaltete das brennende und lichtglühende Kirchturmdach einen bizarren Lichtdom, der weithin die Nacht erhellte und das Menetekel des dräuenden 3. Jahrtausends in den schwarzen Himmel über München schrieb ...
Die Hitzeentwicklung entfesselte sich so gewaltig, dass nichts Brauchbares des vorher bestehenden Sakralgebäudes übrig blieb; ringsum waren von den Höllentemperaturen Fensterkreuze und Autolacke geschmolzen. Neun Tage später gab nur noch der endgültige Abriss geborstener und von der Hitze gesprengter Mauern einen Sinn.
Jedoch wurde ein hölzerner Gekreuzigter von Feuerwehrleuten aus der Mitte des Aschehaufens getragen: Unversehrt wie der Glaube des Urchristentums!

Um den eigenartigen Okkultismus des heutigen kubischen Tempelbaues aus Stahl und blauem Glas und die fühlbare dunkle Sprache der magischen Kreuznagel-Schriftzeichen zu verstehen, muss man um die sonderbare Vorgeschichte der Herz-Jesu-Kirche wissen:

Dachstuhlgehölz aus Hitlers Kino auf dem Obersalzberg entnommen und über Jahrzehnte die seltsame Schwingung verkorkster Machtgeschichte weitertragend – oder auch die Fügung, dass der Vorgängerbau des Brandkörpers von 1994, der an diesem denkwürdigen 26. November die Flammen über hundert Meter hoch in den Himmel lodern ließ, ebenfalls schon abgebrannt war, genau 50 Jahre zuvor, im Juli 1944 ...

– 1 –
Der frei stehende Turm

Der überdimensionale Blitzfänger vor der inzwischen berühmten blaugläsernen Fassadenseite der Herz-Jesu-Kirche hat in eigenartiger Weise keine Beziehung zu der Gesamtanlage und lädt durch seine Eisendraht-Gitterwände durchaus nicht zum Näherkommen. Man sollte es aber tun, um die Energie eines ungut besetzten Platzes zu erspüren und in sich abzuspeichern. Aber bitte nicht bei einem Gewitter.
Dem Fühlenden wird klar: Dieser metallene Turm zieht keine Energien nach oben, sondern entladende Kräfte nach unten. Blitzschlag vorprogrammiert. Suchen Sie ein Kreuz an diesem Campanile und Sie werden feststellen, bei trüben Wetterlagen verschwindet das Zeichen der Christenheit vollends im Alltagsgrau. Entsprechend dem kubischen Metallgewebekreuz im Inneren der Kirche: Energetisch ein faszinierendes Spiel, aber ...?

– 2 –
Der Eingangsbereich und das Tor

Und nun betreten Sie das sich leicht absenkende Plateau vor dem Gotteshaus, lassen das tiefe Blau der aus unzähligen mit Leidensnägeln beschriebenen Glaskacheln auf sich wirken.
Sie werden die eine Stelle finden, die nach oben zieht und gute Gedanken entstehen lässt, kommen Sie dabei aber dem glatten monumentalen Portal, das die Gesamtfläche der Eingangsseite ausmacht, nicht zu nahe!

Faszinierend ist es durchaus, wenn diese Monstertore sich auftun. Ich selbst konnte Zeuge sein bei der Einweihung am 26. 11. 2000. Dreimal klopfte der Kardinal mit seinem Stabe an das Tor (man kennt den Ritus auch woanders her ...), dann tat das Tor sich auf. An jenem Tage war es eisig kalt. Und diese eigenartige Kälte bleibt auch an Sommertagen in und um die Kirche bestehen.
Denn alles, wirklich alles an diesem Neubau intellektuellen

Mutes oder Hochmuts ist nur mit kühlem Intellekte zu verstehen, mit der Ratio. Das warme, herzliche Gefühl bleibt in und um diesen modernen Tempel trotz der Benennung »Herz Jesu« wortwörtlich un-denkbar.

Geben wir uns also der Faszination des modernistischen Verstehens und Begreifens – leider nicht des gefühlten Glaubens – hin. Lassen wir es zu.

»Das Portal trägt an der Außenseite der Verglasung ein großes, kaum wahrnehmbares Kreuzsymbol ...«, stellt sogar der offizielle Text des Kirchenführers fest.
(Kath. Pfarrkirche Herz Jesu München-Neuhausen. Weiler im Allgäu 2005, S. 16)

»Kaum wahrnehmbares Kreuz ...«. Sprache sagt alles, Sprache spricht. Das Tor ist im zweifachen Sinne Schlüssel des Gesamtkonzepts: Liest man die vielen – zugegeben durchdachten und intellektuell-kreativen – Kommentare und Interpretationen, ist man durchaus zu einem zustimmenden »Aha!« geneigt. Aber eben nur mit interpretatorischer Hilfe. Die Biblia Pauperum, ein für naive Gläubige schlüssiges Konzept des sprechenden Bildes, eben auch für Glaubende ohne theologische Denkfinessen greifbar und begreifbar, stand hier nirgends Pate. Es sei denn, man verstünde ein dreimal verstecktes Kreuz als Bild.

– 3 –
Das Innere

Treten wir ein, durchmessen den gläsernen blauen Vorhang. Tun Sie dies mehrfach, der energetische Wirbelsturm zwischen Innen und Außen macht dem Kraftort-Gänger Freude, fasziniert – bleibt aber zugleich unheimlich.
Sie stehen nun im Vorraum und wenn Sie magische Orte aller (!) Art besucht haben, wird Ihnen bald klar, auf wessen Hoheitsgebiet Sie gelandet sind.
Der Tempel mit Vorhof ...

Das Spiel der Energien ist beileibe kein Zufall. Die Nagelschrift an der blauen Portal-Außenwand (dieses Portal ist ausladender als jenes von Rom!) wirkt geistig nach, beeinflusst jeden, der sich ihr aussetzt – und was sollte der Kirchgänger anderes tun? Der Künstler dieser Nagelrunen »... bildete das Kreuz aus einem Raster aus Nägeln und verschlüsselte den Text mit einem eigens entwickelten Code aus Nägeln ...«

(Herz Jesu .., a.a.O., S. 16)

Dies Verschlüsseln – also ein geschicktes Entziehen der sofortigen Erkennung des zentralen christlichen Motives, Symboles, Zeichens – des Kreuzes nämlich, bleibt für Herz Jesu Leitmotiv.

Und wieder ein Tor. Sie befinden sich nun unter dem »Raum im Raum«, unter dem Gewicht des Orgelraum-Kubus. Überhaupt Kubus. Sie sollten sich über die Symbolik des Kubus, des Quaders oder Würfels klar sein, um den Geist der neuen Herz-Jesu-Kirche voll und ganz zu verstehen.
Der Innenraum besticht oder schockiert durch Kahlheit und Bilderlehre, je nachdem, wie Sie es sehen wollen.
Der Kraftort-Kenner staunt über die Gesamtschwingung des Raumes, den sichtbaren, fühlbaren und hörbaren Raumklang, einen leisen, aber mächtigen Brummton der Seele.
Aus der Beschreibung:
»Der Kirchenbau wird mit den Abmessungen von 48 m Länge, 21 m Breite und 16 m Höhe zu einem einfachen Kubus geformt. Er wird aus zwei lichtdurchlässigen, ineinander gestellten Raumhüllen gebildet ...« (Kirchenführer, a.a.O., S.8).
Außen Stahl und Glas, innen Holz ... und die innerste Hülle ist dann der Besucher und dessen Außenhaut, das steht nicht im Führer.

Das Kreuz aus Metallgewebe dominiert den Altarraum – wenn das Licht mitspielt. Das Lichtspiel-Kreuz besteht aus neun Quadraten und ließe sich, wenn die Imaginationskraft ebenfalls mitspielt, wiederum zum Kubus zusammenklappen.

Stellen Sie sich in den Altarraum, trotz der Absperrung, etwa rechts neben den Altar-Kubus. Spüren Sie es? Kraft und Wucht; diese wummernden Erdkräfte waren schon vor der Konsekrierung da, ich habe dies Phänomen während der Bauphase mehrmals ausprobiert. Ein geheimes Strahlengitter, das nun durch den metallen gewobenen Vorhang antennenhaft und genial verstärkt wird.

Fühlen Sie hier Kraft und Trotz. Wenn Sie christliche Erwartungen mitbringen – seien Sie nicht zu sehr überrascht. Blicken Sie vom Altar zur Orgel zurück. Ein Dämonengesicht, bestimmt ist diese Anordung der Pfeifen und das sich ergebende Imago kein Zufall.
Lesen Sie erstaunt das scharfgeistig Schriftliche, das über diesen Neubau von Herz Jesu gesagt wurde und wird (Schriftenstand rechts neben dem Eingang zum Innenraum).

Eine Interpretier-Kirche, keine Herzenssache.
Und doch ... der Altar ist, wie bei den Vorgängerbauten auch, genordet: nicht geostet, nicht zum aufgehenden Licht hin gebaut, »orientiert«, wie dies bei einer christlichen Kirche selbstverständlich sein sollte.

Die Kraft des Nordens. Die kennt der Freund magischer Plätze durchaus. Aber eben in anderem Zusammenhang!

Passende Übung zur Herz-Jesu-Kirche:
Ich fasse an mein Herz und fühle es schlagen, fühle die Wärme. Gegen die aufkommende Beklemmung in dieser Kirche hilft – weggehen. Oder beten. Dies aber gelingt mir hier selten.

Welche neuen Gedanken lasse ich hier zu:
Lieber gar keine. Die Herz-Jesu-Kirche besteht nur aus Gedanken. Und das, was so viele Neuhauser denken und mir sagen – sagt keiner laut. Eine Versiegelung des Denkens gar?
Vielleicht, vielleicht gar ist das Herz ebenfalls ein Gedanke, ein gefühlter Gedanke unseres liebenden Schöpfers.

Ausgangspunkt:
Magischer Ort vor dem blauen Monumentalportal, den jeder für sich selbst entdeckt. Vorsicht, nicht in unmittelbarer Turmnähe: hier werden zu negative Kräfte an- und nach unten gezogen und hochtransformiert.

Länge:
Unwesentlich

Anstieg:
Keiner

Einkehr:
Neuhausen ist ein klassisches Wohn- und Restaurantviertel. Viele alte Münchner Wirtschaften warten in Nähe des Rotkreuzplatzes und der umgebenden Straßen auf Sie. Garantiert bodenständig und interpretationssicher! Ich bevorzuge das »Jagdschlössl« direkt am Rotkreuzplatz.

Anfahrt:
U-Bahn U1 (z. B. ab Hauptbahnhof) Richtung Westfriedhof bis Rotkreuzplatz. Dann ein beschaulicher Spazierweg Richtung Nordwesten zur Lachnerstraße.

Betrachtung zum Schluss

Lauter Dreiecke, allgegenwärtige Dreifaltigkeit(en); neun Säulen des königlichen Gewölbes – oder: Wie lassen sich Gral und Bundeslade in München finden ... und wo?

Zugegeben: Diese Überschrift zu einem Nach-Wort klingt etwas hochfahrend. Man muss indes das unmöglich Scheinende annehmen, und zwar in der höchsten denkbaren Potenz des »Unmöglichen« – um zu erkennen: Die Wirklichkeit hinter den Dingen übertrifft stets die kühnsten Erwartungen! Ich habe bei der langen Beschäftigung mit magischen Orten nie eine andere Erfahrung gemacht.
Wenn Sie dennoch skeptisch sind: Betrachten Sie einfach den Stadtplan Münchens, nehmen Sie dazu ein Lineal und ziehen Linien. Sie werden staunen.

Drei!
Sei es die Dreifaltigkeitskirche mit ihrer allgegenwärtigen Drei-heit, Drei-Einigkeit und des Einsseins in der Drei; sei es die Heilig-Geist-Kirche, deren tiefste Botschaft vom Geist doch darin besteht, dass Drei Eins ist und Eins Drei sei ... aus Eins mach Drei.
... der feinsinnige und aufmerksame Pilger zwischen Münchens Magischen Kirchen an ausgesuchten Kraftorten, er ahnt um ein sehr tiefes, unausgesprochen verborgenes, aber um Offenbarung drängendes Geheimnis.
Und dies tiefe Rumoren in der Brust des Suchenden, diese nach oben dringen wollende mystische Erfahrung, sie täuscht – oder sie ent-täuscht – keineswegs.
Es steckt etwas *anderes* dahinter als das, was bei Besichtigungen zu sehen ist. Die Welt hinter der Welt will ans Licht. Dazu gleich mehr.

Und es hängt tatsächlich mit der Dreiheit zusammen, geometrisch-symbolisch ausgedrückt im Dreieck. Betrachten Sie einen Innenstadtplan und ziehen Sie Linien:

St. Michael – Heilig-Geist-Kirche – Theatinerkirche St. Kajetan: Ein gleichschenkeliges Dreieck! Im »Höhenschnittpunkt« über der Basis des Dreiecks von St. Michael bis hin zur Heilig-Geist-Kirche finden Sie die Frauenkirche. Eine Linie, die senkrecht zur Basis (St. Michael – Heilig Geist) steht, führt von der Theatinerkirche geradewegs durch die Apsis der Frauenkirche, kreuzt das mysteriöse »Marien-M« (siehe Plan) und geht weiter zu St. Willibrord, nähe Marionettentheater.

Oder: St. Michael und Herzogspitalkirche als Basis ergibt ein spitzwinkeliges Dreieck mit St. Bonifaz nordwestlich. Im »Goldenen Schnitt«: die Bürgersaalkirche.
Und nun überlegen Sie selbst, wo die Grablegungen der Wittelsbacher sind, wo Grablegungen anderer (bedeutenderer?) Herrschergeschlecher Bayerns oder wichtiger Geistes-Menschen sind! Lesen Sie die Texte nochmals in diesem Buch oder blättern Sie nach. Die wichtigen Hinweise sind alle enthalten.

Und immer das Dreieck.

Ludwig I. in St. Bonifaz, Ludwig II. in St. Michael – wie war das mit des Märchenkönigs nie enden wollender, unstillbarer Suche nach dem Gral? Und das Geheimnis »des Tempels« (lesen Sie nach in der Bibel im Buch der Könige); dies Urgeheimnis der Suche, Pilgerschaft – Bewegung! – es hängt auch immer mit dem Geheimnis der »Lade« (also mit dem Geheimnis eines tief verborgenen religiösen Heilungs- und Überlebenswissens!) zusammen.
Erinnern Sie sich: St. Kajetan: der Tempel, die Säulen, das Allerheiligste, der Platz davor, der *Ort.*

Und wieder der Blick auf den Stadtplan: Jedes Dreieck hat eine Spitze in St. Michael, also der Grablege des geheimnisvollsten Herrschers (der Welt?), Ludwig II., des Märchenkönigs.

Zählen Sie nun die Dreiecke. Sie werden sich nie zwischen der Zahl *Neun* – neun Säulen; das sogenannte »Königliche Gewölbe« (Royal Arch, der 13. Einweihungsgrad, siehe Lit. Anhang), es ruht auf neun Säulen – Sie werden sich nicht entscheiden können ... zwischen Neun und der Zahl Zehn, der Vollendung nämlich.

–

Die Suche nach dem Geheimnis, nach dem »verlorenen Schatz«! Kennen Sie die aufregenden Filme und Romane zu diesem Thema?
Wer hängt zusammen, wer bildet ein Netz(werk) ...mit wem?

Sie brauchen nur in München umherzugehen, zu sehen (sehen, sehend werden: nicht schauen oder gaffen!) und nachzudenken.

Zur Wiederholung: Geometrie und Raumklang, Raumklang und Geometrie:
Klang und Geometrie – nennen wir es hier spirituellen Geo-Klang; diese stehen in direktem Zusammenhang. Denn Schwingung erzeugt Geometrie und (jetzt wird es wichtig!) – Geometrie erzeugt Schwingung! So stand es in der Einleitung unter »Einige Anleitungen für den Kraftort-Freund, Punkt 4).

–

Dreiecke, Neunzahl (drei mal drei), neun Säulen, Geometrie und Raumklang.
Dreiecke bilden den Drei-Klang, den Akkord.

Und nochmals ein Zitat, das für Sie ein »Tor« sein kann zur Unendlichkeit:
»Es reicht, wie sich hier zeigt, ein schwingfähiges System periodisch in seiner Eigenfrequenz anzustoßen, das System macht alles weitere dann ganz von selbst ...«
(aus: Norbert Harthun: Resonanz bietet Kommunikation. In: Zeitschrift für Geobiologie 3 und 4, Waldbrunn 2005, S. 35)

Was klingt, schwingt. Was schwingt, hat Resonanz. Nun finden Sie »den Punkt«, an dem Sie (wie bei einer Schaukel) periodisch die richtigen Impulse geben:
Alles andere geschieht von selbst. Unglaublich, aber wahr.

München leuchtet? Das schon. Aber es ist ein Klingen der Dreiecksgeometrie, ein Klang des himmlischen Lichtes – finden Sie den Punkt.

Und eines noch:
Gott war schon vorher da.

Ende.

Anhang

Zeittafel

7500 v. Chr.

Erwärmung am Ende der mittleren Steinzeit schafft annehmbare Voraussetzungen für menschliche Ansiedlungen

5700–2000 v. Chr.

Jungsteinzeit: Jäger und Sammler im »Raum München«; ein Ackerbau ist etwa um 5000 im Alpenraum nachweisbar

2500 v. Chr.

Siedlungen, Gräber und sonstige Funde in den »Münchner Stadtteilen« wie Perlach, Fröttmaning, Pasing u.v.a.m.

2000–1800 v. Chr.

Glockenbecherleute (Kupferzeit)

1200–750 v. Chr.

Bronzezeit: Funde der »Isargruppe«

800–500 v. Chr. und vorher

Keltenzeit: Keltenschanzen auch bei Grünwald, Aubing, Feldmoching

300 v. Chr.

Bronzeringe in München-Moosach gefunden, ein Eisenschwert bei Menzing

200 v. Chr. bis Christi Geburt

Starkbier aus Weizen und Honig in Nördlingen

ab 700 n. Chr.

Erste Christianisierung

ab 800

Viele Belege für die Existenz von Ortsnamen im Raume München
Mönche (vor allem Benediktiner) bauen Kirchen

800–1000

Entstehung vieler Siedlungsnamen!

955

Sieg auf dem Lechfeld: die zweite Welle bayerischer Ostkolonisation

1158

Heinrich der Löwe gründet München, »Munichen« erstmals in einer Urkunde erwähnt

1180

Sturz Herzog Heinrichs des Löwen, nun Aufstieg der Wittelsbacher

1214

Beurkundung der Stadt

1255

München wird Residenzstadt

1293

Baubeginn der neuen Stadtbefestigung unter Ludwig dem Bayern

1295

Sturm auf die Münze

1327

Großer Stadtbrand

Papst Johannes XXII. spricht König Ludwig dem Bayern vor einem Ketzergericht in Avignon das Herzogtum Bayern ab und nennt ihn verächtlich »den Bayern«: Der Titel bleibt!

1328

König Ludwig der Bayer wird in Rom zum Kaiser gekrönt

1340

Stadtrecht und Grundgesetz

1349

Pestilenz und anschließendes Judenpogrom

1392

Münchner Gnadenjahr

1448

Einführung des Jakobi- oder Scharlachrennens (die Tradition wird 1810 beim »ersten« Oktoberfest wieder aufgenommen)

1468

Der Bau der Frauenkirche beginnt

1482

Erster Buchdruck in München

1492

Columbus entdeckt Amerika

1494

Frauenkirche geweiht

1517

Luther beginnt Reformation (95 Thesen)

1522

Erlaß gegen die protestantische Lehre in München

1524

Vorboten eines neuen Geistes: zahlreiche Unruhen und Verfolgungen

1525

Die bayerischen Bauern stehen im Bauernkrieg zu ihren Herzögen.

1526

Aufträge Wilhelms IV. an Albrecht Altdorfer

1534

Jesuitenorden gegründet

1555

Augsburger Religionsfriede

1568

Große Hochzeitsfeier: Der Thronfolger Herzog Wilhelm V. heiratet Renata von Lothringen. Das »große Turnier auf dem Marienplatz« findet statt.

1583–1597

Bau des Jesuitenkollegs und der Michaelskirche

1590

Hexenwahn auf dem Höhepunkt: vier »Hexen« gleichzeitig in München verbrannt, ein Jahr zuvor (1589) Massenprozess in Schongau gegen 63 »Hexen«

1598

Baubeginn der Neuen Residenz

1632

Gustav Adolf und die Schweden besetzen München: Schlüsselübergabe

1651–1679

Kurfürst Ferdinand Maria

1663

Baubeginn in Nymphenburg

1679–1726

Kurfürst Max Emanuel

1724

Bier »außerhalb« darf etwas teurer verkauft werden: Beginn der Bierkellerkultur?

1727

Läuten der Hungerglocke

1789

Die Anlage des Englischen Gartens wird begonnen.

Französische Revolution

1777–1799

Karl Theodor

1810

Kronprinz Ludwig heiratet Prinzessin Therese von Sachsen-Hildburghausen: erstes Oktoberfest!

1814/15

Bayern nimmt am Wiener Kongress teil

1848

Unruhen wegen Lola Montez; Sturz König Ludwigs I., reg. 1825–1848

1850

Guss der Bavaria

1864–1886

König Ludwig II.

1893

Sozialdemokraten im Bayerischen Landtag

1895

Wittelsbacherbrunnen eingeweiht; Adolf von Hildebrand plant seine »Künstlervilla« in Bogenhausen (1889 hatte der Künstlerfürst Lenbach seine geplante Villa als Palast und absoluten Mittelpunkt der Gesellschaft formuliert!)

1898

Stuckvilla in der Prinzregentenstraße nach Plänen Franz von Stucks erbaut

1900

Prinzregententheater erbaut

1914

Beginn des Ersten Weltkrieges

1916

Erster und einziger Fliegerangriff auf München während des Ersten Weltkrieges

1917

Michael von Faulhaber wird Erzbischof

1918

Kurt Eisner ruft die Republik aus

1923

Hitlerputsch,
Marsch zur Feldherrnhalle

1931

Der Glaspalast brennt

1933

Machtergreifung Hitlers

1939

Das Attentat auf Hitler missglückt (München ist seit 1935 »Hauptstadt der Bewegung«)

1940

Erster Luftangriff, bis 1945 folgen 74 Angriffe. Fast 7000 Menschen werden getötet, 90 Prozent der Altstadt sind zerstört, 300 000 Menschen obdachlos

1943

Flugblattaktion der »Weißen Rose«

1945

30. April: Die Amerikaner rücken ein; Übergabe der Stadt am 16. Mai an Oberbürgermeister Karl Scharnagl
Erste Nummer der »Süddeutschen Zeitung«
Pater Rupert Maier gestorben
18. November: Rückführung der »Patrona Bavariae«

1948

Thomas Wimmer (SPD) wird Oberbürgermeister

bis 1949

Schuttaktion; Schwarzhandel; Kriminalität; Beginn des Wiederaufbaues

1949

Erste Handwerksmesse

1957

Der millionste Einwohner kommt auf die Welt

1958

Große 800-Jahr-Feier!

1960

Dr. Hans-Jochen Vogel wird Oberbürgermeister (SPD; 64,2 Prozent).

Eucharistischer Weltkongress

1962

Schwabinger Krawalle

1963

Nationaltheater wiedereröffnet

1965

U-Bahn-Bau begonnen

1966

Entscheidung für Olympia

1972

Georg Kronawitter wird Oberbürgermeister (SPD).

Olympische Spiele und das Attentat

1974

Fußball-Weltmeisterschaft

1975

Offizielle Übergabe der Fußgängerzonen

1978

Erich Kiesl wird Oberbürgermeister (CSU)

1983

IGA (Internationale Gartenbau-Ausstellung)

1984

Kronawitter wird wieder Oberbürgermeister

1992

Schließung des Flughafens Riem; Eröffnung des Großflughafens im Erdinger Moos

Weltwirtschaftsgipfel und »Münchner Kessel«

Die Lichterkette: München leuchtet wieder!

1993

Christian Ude wird Oberbürgermeister (SPD)

1994

Der Liebfrauendom feiert seinen fünfhundertsten »Geburtstag«. Erwähnenswert, dass in diesem Gnadenjahr die Sechziger (TSV 1860 München) wieder in die Bundesliga aufsteigt. 2004 ist damit Schluss. Siehe auch Stadion-Skandal 2004.

1995

Erstes Kino-Open-Air auf dem Königsplatz.

Neues Biergarten-Gesetz (Öffnung bis 23 Uhr)

1996

Eröffnung Kunstpark Ost.

Nach Kommunalwahl kann Ude mit der »Regenbogen-Koalition« weitermachen.

1997

Sogenanntes Kruzifix-Gesetz vom 13. 5. 1995 nun vom Bayerischen Verfassungsgerichtshof für rechtmäßig erklärt.

Ausstellung »Vernichtungskrieg« über Deutsche Wehrmacht sorgt für Aufregung.

1999/2000(!)

Das Jahrtausend, das die Gründung Münchens hervorbrachte, geht zu Ende.
Silvestermeile: 300 000 Münchner und Münchnerinnen feiern bei einer noch nie dagewesenen Großveranstaltung den Anbeginn des neuen Milleniums.

2004

Die »Stadion-Affäre« um Schmiergeldflüsse, die bei der Vergabepraxis der Allianz-Arena, des weitgehend fertig gestellten Fußball-Tempels bei Fröttmaning, bewegt worden sein sollen. Folge: Der TSV 1860 München, von den Wirren um das Vater-Sohn-Duo Wildmoser erschüttert, steigt ab.
Hoffentlich kein Zeichen, das mehr bedeutet ...

2005

Das Stadion tut seine Wirkung und zieht alle in den Bann: ein moderner Tempel der Massenbeeinflussung. Die neue alte Religion heißt: Ablenkung.
Und: Ein Bayer ist Papst: Benedikt XVI. löst zu Beginn des Jahres Johannes Paul II. ab und verändert die Welt – mit bayerischem (und Münchner?) Denken ...

Literaturauswahl

Abenthum, Karl: Der Münchner Liebfrauendom, München 1960

Altmann, Lothar: St. Peter München. Regensburg 2002

Bauer, Richard; Bauer, Gerhard: Pasing. Stadt vor der Stadt. München 1984

Braden, Gregg: Das Erwachen der neuen Erde. Freiburg 1999, S.112 ff.

Breyer, Heinrich: Der Dom: Am 14. April 1494 eingeweiht, In: Süddeutsche Zeitung vom 14. April 1994, S. 43

Bürgersaal München (= iP Kunstführer. Hrsg. v.d. Marianischen Männerkongregation. München 1995)

Chronik von Andechs (o.V.?) StaatsBibl. Lesesaal, Sign. Bavar. 4771 u

„Die alte Pfarrkirche Maria Geburt". In: Pfarrei „Maria Schutz" München-Pasing, (= Schnell-Kunstführer Nr. 2102), München 1993

Die Heilige Schrift des Alten und Neuen Testaments (Züricher Bibel), Zürich 1955

Die Kathedralen in München und Freising, In: Leben aus dem Glauben, Heft 6, Strasbourg 1993

Die Kirchenführungen München 2005. Hrsg. v. Münchner Bildungswerk. München 2005. Mit einer bemerkenswert guten Kurzcharakteristik der wichtigsten Kirchen der Landeshauptstadt, vor allem des Innenstadtbereiches.

Fenzl, Fritz: Der Bayerische Jakobsweg. München 2004

Fenzl, Fritz: Kraftorte selbst finden. München 2004

Fenzl, Fritz: Magische Orte in Bayern. Rosenheim 2000

Fenzl, Fritz: Münchner Stadtgeschichten (= aktual. Neuaufl. der Münchner Stadtgeschichte v. 1994). München 2004

Fenzl, Fritz: Münchner Stadtsagen. München 1992. Neuauflage: Der Teufelstritt. München 2001

Fenzl, Fritz: Wunderwege in Bayern. München 2002

Fischer, Susanne / Harrer, Cornelia Andrea: Die Glasfenster der Münchner Frauenkirche. München 1998.

Flügel, Rolf: Lebendiges München. München 1958 (aus Anlass der 800-Jahrfeier)

Forster, Josef Martin: Das gottselige München ..., München 1895

Glaube prägt – 500 Jahre Münchner Frauenkirche, In: Amtsblatt für das Erzbistum München und Freising Nr. 7 vom 16. 3. 1994

Hartig, O.: Jörg von Halsbach, genannt Ganghofer, In: Das Bayerland, Jg. 44, München 1933

Hartig, O.: Wie heißt der Baumeister der Münchner Frauenkirche? In: Die Heimat, Beilage zu den Münchner Neuesten Nachrichten, 1932

Harthun, Norbert: Resonanz bietet Kommunikation. In: Zeitschrift für Geobiologie 3 und 4, Waldbrunn 2005

Heinen, Annegret: Ein-Klang. Mannheim 2003

Hohl-Wirz, Dr. Martin: Freimaurerei: Wurzeln, Ziele, Hintergründe. Basel, 4. Aufl. 2005

Köhle, Sieglinde: Kleine Münchner Stadtgeschichte. München 1979 und 1991

Landshamer, Peter: München. Heimat und Weltstadt. München 1980

Lebschée, C. A.: Histor. Notizen v. München, betr. d. Haupt Stadtpfarrkirche zu U. L. Frau, Ms. 1861; Stadtarchiv München

Lieb, Norbert: München. Lebensbild einer Stadtkultur. München 1952

Lieb, Norbert und Sauermost, Heinz-Jürgen: Münchens Kirchen, München 1973

Mayer, Anton: Die Domkirche zu U. L. Frau in München, München 1973

Nies, Karl-Ludwig: Die Glocken des Münchner Frauendoms: München 2004

Pfarrei „Maria Schutz" München-Pasing, (= Schnell-Kunstführer Nr. 2102), München 1993

Pfarrnachrichten Heilig Geist. Hrsg. v Kath. Stadtpfarramt Hl. Geist. München 2005

Renner, Frumentius Pater OSB: Raumakustik und Erdkraftfeld. (= Sonderdruck aus der „Zeitschrift für Radiästhesie". München 1961, insbes. S.9ff)

Renner, Frumentius Pater OSB: Christi gewaltige Macht. In Wort Weihe und Segen. Abensberg, 2. Aufl. 1997

Rundgang durch das mittelalterliche München. Hrsg. v. Museumspädagogischen Zentrum mit dem Münchner Stadtarchiv; Text v. Wolfgang Behringer. München 1987

Rundgang durch die Theatinerkirche. Hrsg. v. d. Katholischen Kirchenstiftung St. Kajetan, o.J.

Schacherl, Lilian / Biller, Josef H.: München. (= Prestel Städteführer). München 1987

Schaller, Christian: Die Heilig-Geist-Kirche. Eine theologische Erschließung. In: 150 Jahre Stadtpfarrei Hl. Geist München im Tal. Hrsg. v. Kath. Stadtpfarramt München, Heilig Geist, München 1994

Schnell, Hugo: 100 Bauwerke in München, München 1981

St. Bonifaz München. 4. Aufl. Regensburg 1997
www.sankt-bonifaz.de

Stadtplan MÜNCHEN Zentrum inklusive Gaststätten – und Sehenswürdigkeiten.
Kulinarischer Innenstadtwirte-Plan – wird an allen Servicezentren verteilt oder liegt auf. www.innenstadtwirte.de

Trautmann, Karl: Kulturbilder aus Alt-München. München. Band 1-3, München 1923

Westenrieder, Lorenz von: Beschreibung der Haupt- und Residenzstadt München, München 1782

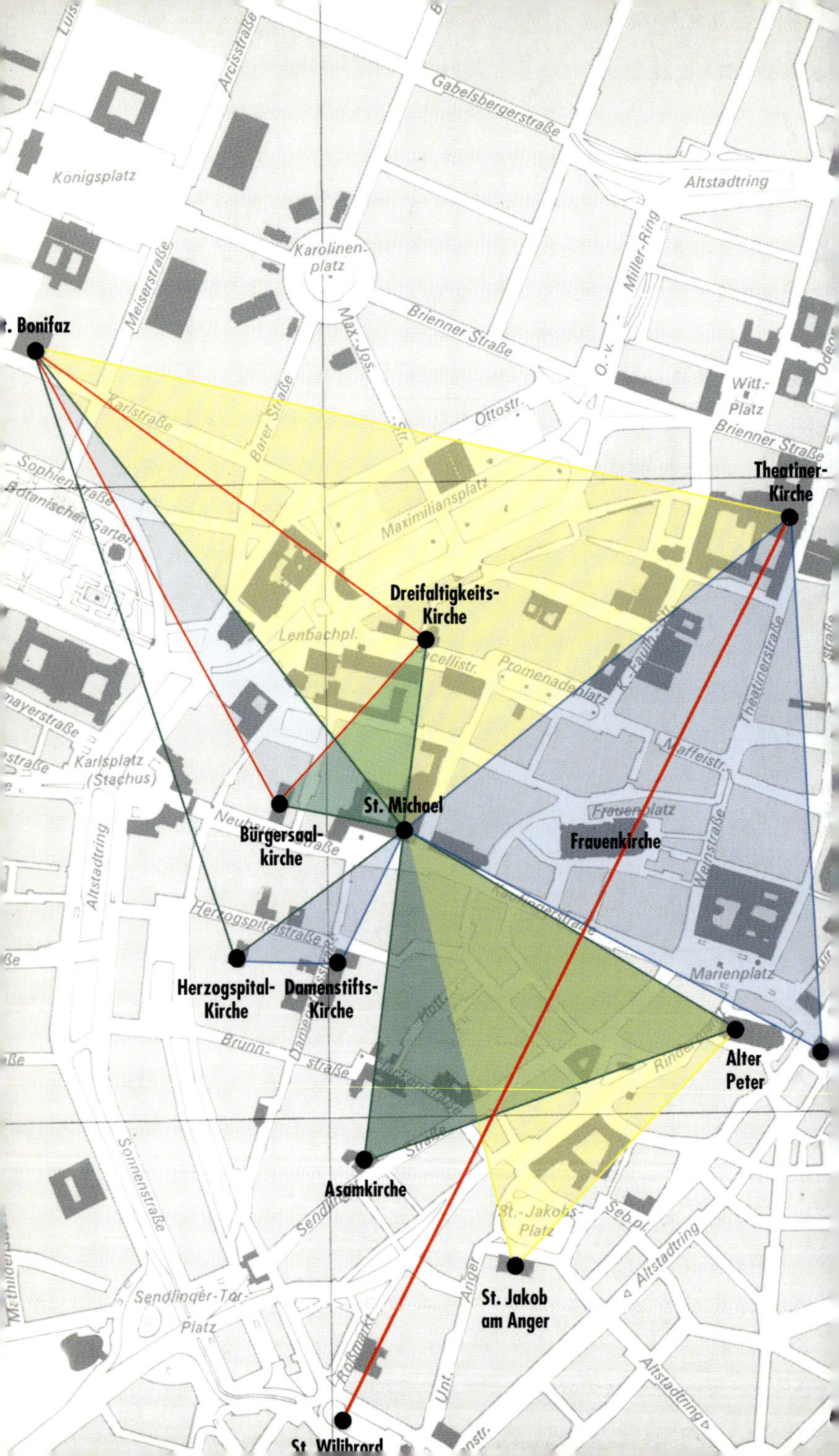

Königsplatz
Arcisstraße
Gabelsbergerstraße
Altstadtring
Karolinen-
platz
Meiserstraße
Miller-Ring
Brienner Straße
Max-Jos.
O.-v.
Witt.-
Platz
Ottostr.
Karlstraße
Barer Straße
Sophienstraße
Botanischer Garten
Maximiliansplatz
. Bonifaz
Theatiner-
Kirche
Dreifaltigkeits-
Kirche
Lenbachpl.
Promenadeplatz
Maffeistr.
Theatinerstraße
Karlsplatz
(Stachus)
St. Michael
Bürgersaal-
kirche
Frauenplatz
Frauenkirche
Weinstraße
Altstadtring
Herzogspitalstraße
Marienplatz
Herzogspital-
Kirche
Damenstifts-
Kirche
Alter
Peter
Brunnstraße
Sonnenstraße
Asamkirche
St.-Jakobs-
Platz
Seb.pl.
Altstadtring
St. Jakob
am Anger
Sendlinger-Tor-
Platz
Roßmarkt
Anger
Altstadtring
St. Wilibrord